EL OCULTISMO

●●●●●●●●●●

Respuestas a preguntas difíciles acerca de espiritismo, fenómenos esotéricos y poderes psíquicos

John Ankerberg y John Weldon

Publicado por
Editorial **Unilit**
Miami, Fl. 33172
Derechos reservados

Primera edición 1995

© 1991 por Ankerberg Theological Research Institute
Publicado en inglés con el título de:
Tje Facts on The Occult
Harvest House Publishers
Eugene, Oregon 97402

Todos los derechos reservados. Se necesita permiso escrito
de los editores, para la reproducción de porciones del libro,
excepto para citas breves en artículos de análisis crítico.

Traducido al español por: Guido Castellanos

Citas bíblicas tomadas de: La Santa Biblia, Revisión 1960
© Sociedades Bíblicas Unidas.
Usada con permiso.

Producto 497697
ISBN 1-56063-517-7
Impreso en Colombia
Printed in Colombia

*En memoria de Arlis Perry,
una joven novia cristiana,
torturada y asesinada por satanistas
en la Stanford University Church,
el 13 de octubre de 1974,
y por todas las víctimas inocentes
del avivamiento ocultista
de nuestros días.*

«Una vez más ha llegado ese tiempo del año en que somos inundados con la escoria de los adoradores del Nazareno. Una actitud que empuja constantemente nuestras gargantas para abajo. Además de la alegría del engaño, esta es la estación para el perdón y la misericordia. Aquí permanece revelada uno de los elementos más insidiosos del credo cristiano... El satanistat rechaza misericordia como un fingimiento vil. Los tiempos del fin están aquí, los días finales del sistema de la cruz. El mundo será barrido por una ola de individuos satánicos, quienes estarán de pie exigiendo su primogenitura como seres humanos, orgulloso de su naturaleza. Deje que esos esclavos undan sus rodillas en el barro ante las imagenes de dioses no existentes. Los tiempos demandan los esfuerzos de los autoproclamados «dioses», quienes se rinden culto a sí mismos y pueden producir resultados.

¡Ellos lo pagarán! ¡El credo de Nazarene y su raza serán pisoteados debajo de las pesuñas! ¿En cuál lado pondrá su obediencia?

*- Satanista Pedro H. Gilmore
«Lex Talionis», La Llama Negra
Edición de Navidad, Vol. 1, nº 3.*

CONTENIDO

Prefacio _____ 7

———————— **Primera sección** ————————

Introducción al ocultismo

1. *¿Por qué es importante el tema del ocultismo y cuán influyente es el mismo?* *11*

2. *¿Qué es el ocultismo?* *15*

3. *¿Son los seres y espíritus del ocultismo lo que pretenden ser, o se trata de algo completamente distinto?* *17*

4. *¿Todos los hombres poseen habilidades síquicas o estas habilidades son el resultado de la mediación de poderes espiritistas (demoníacos)?* *17*

———————— **Segunda sección** ————————

La Biblia, los poderes síquicos, los demonios y el ocultismo

5. *¿Qué dice la Biblia acerca del diablo?* *23*

6. *¿Los demonios son polimorfos (con la capacidad de adquirir diversas formas) y qué son los espíritus burlones? ¿Qué se infiere de la capacidad imitativa de los demonios?* *25*

7. *¿Qué pruebas bíblicas existen de que los poderes síquicos son producto de la obra demoníaca y que no son capacidades humanas naturales?* *29*

Tercera sección
¿Cuales son los peligros del ocultismo?

8. *¿Cómo podemos saber cuándo las experiencias síquicas se vuelven peligrosas?* 35

9. *¿Hay peligros sicológicos y físicos en las prácticas del ocultismo?* 37

10. *¿Es la posesión un riesgo concreto para aquellos que participan en el ocultismo?* 44

11. *¿Cuáles son algunas de las consecuencias morales y sociales del ocultismo?* 48

Cuarta Sección

Liberación del ocultismo 57

Lecturas recomendadas 67

Notas 68

Las verdades sobre el ocultismo

Prefacio

Si analizamos los diversos peligros a que la gente debe enfrentarse a lo largo de la vida –desde la fractura de una pierna hasta un accidente automovilístico– algunos de los mayores surgen de enemigos invisibles, tales como las bacterias, los virus, etc. La epidemia del SIDA le ha permitido a la gente darse cuenta del poder de estos pequeños terroristas. Casi nunca los vemos; sólo apreciamos sus efectos: la destrucción que dejan a su paso. El virus engaña a una célula y le hace creer que se trata de un cuerpo benigno, de manera que la célula «baja la guardia» y acepta al invasor. Sólo cuando el virus ha entrado se descubre que no era otra cosa que un caballo de troya, un parásito invasor que comienza a destruir a su anfitrión.

El avivamiento del ocultismo en nuestra tierra constituye un SIDA espiritual, un SIDA del alma. En diversos aspectos el ocultismo se parece a un virus sin detectar, el cual se desenvuelve dentro del organismo humano: puede existir por un tiempo sin que se produzcan síntomas, o puede ser que mate fulminantemente. De cualquiera de las dos formas causa muerte segura a los que están infectados y torna miserable la existencia de aquellos que tienen el virus pero que no presentan síntomas. Sin tratamiento adecuado, el ocultismo matará espiritualmente de manera tan efectiva como lo hace el SIDA en el aspecto físico. La única diferencia es que existe una cura para la participación en el ocultismo: el arrepentimiento y la fe en Jesucristo (ver la sección cuarta).

Lo increíble no es que existan millones de personas que hayan sido dañadas por las prácticas del ocultismo, sino que el mito cultural sigue insistiendo en que el ocultismo es simple charlatanería, un pasatiempo inofensivo, o una auténtica búsqueda espiritual. Este mito es aun más formidable a pesar de que adivinos, ocultistas, parasicólogos, consejeros adivinos, siquiatras y sicólogos, guías espirituales orientales y teólogos han pronunciado severos avisos relacionados a los peligros del ocultismo: nuestros archivos contienen más de 100 páginas de citas procedentes de personas como las mencionadas.

Además, mucha gente que acepta el hecho de que hay peligros que se derivan del ocultismo, complica el problema afirmando que existe un acercamiento «peligroso» al ocultismo y otro «sin riesgos». Estas personas piensan que teniendo suficiente cuidado y sabiduría, el ocultismo se puede practicar con enormes beneficios espirituales.

Desafortunadamente, todo parece indicar que en casi toda clase de actividad del ocultismo existe «algo» en acción que ata a la persona al ocultismo, aun cuando la persona desee salir del mismo. Puede ser que una persona vea que su ambiente o sus circunstancias la están manipulando, con el fin de impedir que abandone su actividad síquica. Puede ser que la persona se enferme y que padezca alguna enfermedad, tenga accidentes, posea tendencias suicidas, o que de hecho sea amenazada por poderes o entes espirituales. El doctor Nandor Fodor, autor de la autorizada *Encyclopedia of Psychical Science*, hace notar que cuando los espiritistas y los médiums procuran reprimir sus actividades o sus poderes, el resultado final es la enfermedad: «Es curioso que cuando se reprime a un médium se manifiestan síntomas de enfermedad».[1]

Una vez que se aceptan tales prácticas desaparece la enfermedad. El conocido síquico, Edgar Cayce, es un ejemplo notable.[2] El antiguo médium, Rafael Gasson, escribió lo siguiente refiriéndose a sus propias experiencias:

> «Muchos han sufrido enormemente por haberse puesto a investigar estas cosas (referentes a los médiums) y finalmente han sido perturbados cuando han procurado liberarse de esta influencia. Hay hogares que han sido destruidos; el suicidio y la enajenación han afligido a aquellos que en un tiempo estuvieron en esto y que se han atrevido a buscar liberación. Los que han sido liberados no pueden menos que darle gracias a Dios por su gracia y su misericordia.»[3]

La prominente ex bruja europea, Doreen Irvine, vendió su alma a Satanás con su propia sangre. Y aunque finalmente fue liberada, habiéndosele sacado cuarenta y siete demonios a lo largo de muchos meses, se enfrentó a impulsos de suicidio, a la depresión, al desaliento, horribles pesadillas y ataques síquicos. Ella admite lo siguiente: «Fui atormentada día y noche, casi continuamente».[4]

Antes de su conversión ella recuerda que «su corazón estaba repleto de odio hacia todo lo que fuera cristiano». Pero finalmente se convenció de que la única forma en que podía ser liberada era mediante el poder de Cristo.[5] Ella escribió lo siguiente:

> «Lejos de ser inofensiva, la brujería y otras formas de ocultismo están dañando de una manera efectiva, y destruyendo vidas en el presente, a un grado alarmante: está empujando al suicidio a hombres y mujeres, llevándolos a hospitales, causándoles intenso temor y conduciéndolos a vivir en un infierno. Si la gente viera sólo la mitad de lo que yo he visto lo pensaría dos veces antes de tenerlo sólo como una locura inofensiva.»[6]

En el presente libro haremos un examen de la influencia, la naturaleza, el fenómeno y las serias consecuencias del avivamiento del ocultismo en la actualidad.

Primera sección

Introducción al ocultismo

1. ¿Por qué es importante el tema del ocultismo y cuán influyente es el mismo?

En los últimos treinta años los Estados Unidos de América han sido testigos de un notable avivamiento del ocultismo. Uno de los grandes eruditos sobre religiones comparativas y ocultismo, el ya fallecido Mircea Eliade, de la Universidad de Chicago, hace la siguiente observación en su libro titulado *Occultism, Witchcraft and Cultural Fashions*

> «Como historiador de las religiones no deja de impresionarme la increíble popularidad de la brujería en la cultura moderna occidental y sus subculturas. Sin embargo... el interés contemporáneo en la brujería es sólo una parte de una tendencia mayor, a saber, la moda del ocultismo y de lo esotérico...»[7]

Eliade no es el único que tiene este criterio. Colin Wilson, escritor y autoridad en ocultismo afirma lo siguiente en *The Occult: A History,* «Podemos decir, sin temor a equivocarnos, que en Inglaterra y en los Estados Unidos de América hay más brujas que en cualquier otra época desde la Reforma».[8] C. A. Burland, escritor de ciencia e historia natural del Museo Británico durante cuarenta años, admite que «en ninguna otra época en la historia de la civilización ha sido tan ampliamente practicado el ocultismo en sus diversas modalidades, como en la actualidad».[9] El conocido teólogo, Dr. Merrill Unger (Ph.D, Universidad de Johns Hopkins), autor de cuatro libros sobre el ocultismo, hace la siguiente confesión: «La amplitud y el poder del ocultismo moderno lo deja a uno perplejo».[10]

En su libro titulado *The Second Coming: Satanism in America* el renombrado novelista, Arthur Lyons, da a conocer lo siguiente: «Las sectas satánicas están floreciendo posiblemente en cada ciudad principal en los Estados Unidos de América y de Europa... Los Estados Unidos es probablemente el territorio en que crece con mayor rapidez el núcleo de satanismo mejor organizado en el mundo».[11] Algunos detalles de la mencionada red de satanismo se revelan en el libro del galardonado reportero investigador, Maury Terry, titulado *The Ultimate Evil*. Terry pronuncia la siguiente advertencia:

> «Existen pruebas convincentes de la existencia de una red nacional de sectas satánicas, algunas de las cuales están más definidas que otras. Algunas proveen narcóticos; otras practican la pornografía infantil y el crimen sadomasiquista violento, incluyendo el asesinato. Me preocupa el hecho de que el saldo de vidas inocentes aumentará continuamente, a menos que los encargados de ejecutar la ley reconozcan esta amenaza y hagan frente a la misma.»[12]

Desafortunadamente, el satanismo, la brujería, la santería, el vudú y otras modalidades extremas del ocultismo constituyen la parte visible del témpano de hielo. Si fuéramos a tomar en cuenta a los médiums, clarividentes, síquicos, canalizadores, espiritistas, adivinos, místicos, gurúes, chamanes, investigadores síquicos, yogis, sanadores síquicos y holísticos, etc., sólo entonces tendríamos una idea más clara de la magnitud que tiene el avivamiento moderno del ocultismo. Los OVNIS, las experiencias de haber estado al borde de la muerte y las experiencias de una vida pasada, los viajes astrales, la astrología, el misticismo, la canalización de energía, el yoga, la sanidad síquica, el ouija, las cartas del tarot, el contacto con los muertos y otras mil prácticas del ocultismo marcan el panorama estadounidense moderno.

No debe sorprendernos, entonces, que los sondeos de Gallup, de Roper y de Greenly saquen a la luz que decenas de millones de personas tienen interés en temas del ocultismo o han tenido experiencias con el mismo.[13]

Por ejemplo, una encuesta reciente de opinión nacional de la Universidad de Chicago dio a conocer que el 67% de los estadounidenses «en el presente creen en lo sobrenatural», y que el 42% «cree que han estado en contacto con alguien que ha muerto».[14] Las ganancias procedentes de los seminarios, los casetes y los libros que se originan en los espíritus oscilan entre los $100 a los $400 millones anualmente. Muchos opinan que la canalización «llegará a ser mayor que el fundamentalismo».[15] En su texto titulado *Channeling: Investigations on Receiving Information from Paranormal Sources*, el educador de la Nueva Era y sicólogo, Jon Klimo, afirma: «los casos de canalización se han hecho comunes».[16]

El ya fallecido erudito en asuntos de sectas y el ocultismo, Dr. Walter Martin, calculaba que más de 100 millones de estadounidenses estaban activa o superficialmente involucrados en las prácticas mencionadas anteriormente.[17]

Los mismos que practican el ocultismo están maravillados del avivamiento actual. El conocido novelista y comunicador con los OVNIS, Whitley Strieber (*Cat Magic, The Wolfen*), ha escrito varios éxitos de librería sobre sus experiencias con los OVNIS (*Communion and Transformation*). Estos textos hablan detalladamente sobre sus supuestos contactos con los OVNIS: seres que tienen un parecido extraordinario a los demonios.*

No obstante lo dicho, Strieber ha confesado que estos encuentros espiritistas y con OVNIS «se han intensificado de una forma nunca antes conocida por los seres humanos». El admite que estos seres sobrenaturales están *exigiendo* comunión con «las mismas profundidades del alma».[19]

De modo que el tema del ocultismo es importante —de vital importancia—, por el hecho de que casi todo el mundo en nuestra cultura tendrá contacto, tarde o temprano, con el ocultismo. Y en ese mismo instante en que una persona tiene contacto con el ocultismo puede decidirse el rumbo que siga su vida entera. ¿Por qué? Porque en el presente hay decenas de millones de personas vulnerables. Estas andan en busca de respuestas y en algunos casos con desesperación. El ocultismo afirma que puede proporcionar respuestas. Las prácticas del mismo parecen brindar no sólo significado y propósito en la vida, sino también poderosas experiencias espirituales. Tales experiencias persuaden contundentemente. Cuando la gente tiene un encuentro tan dinámico con una realidad sobrenatural, su perspectiva y su vida pueden cambiar radicalmente. De modo que el ocultismo es mucho más que una simple filosofía; puede convertirse en una realidad dominante, con un poder de persuasión irresistible.

En el presente, en todas partes, los que practican el ocultismo proclaman que sus métodos brindan auténtica espiritualidad y que conducen a un estado más elevado de existencia y, finalmente, a la realidad final. ¿Y si este criterio está equivocado y el

---

* John Keel, prominente erudito en OVNIS confiesa lo siguiente: «Las manifestaciones de OVNIS parecen ser, en la mayoría de los casos, sólo variaciones menores del antiguo fenómeno demoníaco», y «las manifestaciones y sucesos descritos en la literatura de la demonología son parecidos, si no idénticos, al fenómeno mismo de los OVNIS. Las víctimas de la posesión demoníaca padecen de los mismos padecimientos médicos y emocionales que los que hacen contacto con los OVNIS».[18]

camino del ocultismo en verdad conduce a otra parte? Si el ocultismo cumple lo que promete, ¿qué es lo que cumple en concreto? La finalidad de este libro es contestar esta pregunta. Comenzaremos con una definición del ocultismo.

2. ¿Qué es el ocultismo?

El término castellano «oculto» viene del vocablo latino «ocultus», que significa «escondido, ignorado, secreto». El *Diccionario Larousse de la Lengua Española*, da la siguientes definiciones de ocultismo y de lo oculto:

> 1. *Ocultismo*: Conjunto de doctrinas y prácticas misteriosas, espiritistas, que pretenden explicar los fenómenos misteriosos de las cosas.[20]
> 2. *Oculto:* Misterioso, sobrenatural. Ciencias ocultas, la alquimia, la magia, la nigromancia,, la astrología, la cábala, etc., cuyo concimiento y práticas se desarrollan en el misterio.[21]

La *Enciclopédia Británica* define y discute el ocultismo de la siguiente forma:

> «Una designación general que se hace sobre varias teorías, prácticas y ritos que tienen su base en el conocimiento esotérico, en particular en el supuesto concimiento sobre el mundo de los espíritus y de los poderes desconocidos del universo. Los devotos del ocultismo procuran entender y explorar estos mundos, con frecuencia mediante el desarrollo de los (supuestos) poderes más elevados de la mente... El ocultismo abarca diversos temas afines, tales como el satanismo, las astrología, la cábala, el nosticismo, la

teosofía, la adivinación, la brujería y ciertas clases de magia.»[22]

El doctor Ron Enroth, profesor de sociología en Westmont College, en Santa Bárbara, California, y experto en relgiones nuevas y sectas, da la siguiente definición:

«El vocablo se refiere a sabiduría "oculta" o "secreta"; a aquella que está fuera del alcance de los seres humanos comunes. Tiene que ver con los fenómenos misteriosos u ocultos y con eventos que no tienen explicación. A menudo se utiliza en relación con ciertas prácticas ("artes" ocultas) en las que se incluyen la adivinación, el sortilegio, el espiritismo (nigromancia) y la magia.

»Estos fenómenos, conocidos colectivamente con el nombre de "ocultismo" puede decirse que tienen las siguientes características: 1) La revelación y la comunicación de información que no está al alcance de los seres humanos mediante los canales normales (más allá de los cinco sentidos); 2) Poner a las personas en contacto con poderes sobrenaturales, energías paranormales o poderes demoníacos; 3) La adquisición y el dominio del poder, con el fin de manipular o influir en otras personas con el fin de que actúen de cierta manera.»[23]

Lo que tienen en común todas estas definiciones es que entienden acertadamente que el ocultismo tiene que ver con 1) cosas normalmente invisibles u «ocultas» por lo que no están por lo regular disponibles para la gente, y 2) contacto con agencias y poderes sobrenaturales.*

---

* Ver el libro escrito por Ankerberg y Weldon, titulado *Cult Watch*, donde se trata la filosofía fundamental del ocultismo y se hace una comparación de éste con el cristianismo (Harvest House, 1991).

Pero, ¿cuáles son las «agencias sobrenaturales y poderes» con que hace contacto la gente que está involucrada en el ocultismo? Es de vital importancia que se determine quiénes son estos poderes y seres sobrenaturales. De hecho, no existe nada más importante para aquellos que participan en el ocultismo.

3. ¿Los seres y espíritus del ocultismo son lo que pretenden ser, o se trata de algo completamente distinto?

Nosotros no pensamos que estos espíritus y seres sean lo que pretenden ser. Por lo tanto, uno de los propósitos de la esta discusión consiste en presentar evidencia del ocultismo desde el punto de vista bíblico. Desde esta perspectiva el ocultismo incluye diversas actividades mediante las que se buscan cosas «escondidas» —particularmente poder y conocimiento sobrenaturales— las cuales la se prohíben en la Biblia. Las actividades mencionadas finalmente conducen a hacer contacto con el mundo de los espíritus, al que la Biblia identifica como el mundo de los demonios que se encuentra bajo el poder de Satanás (ver las preguntas de la 4 a la 7). De modo que la filosofía proveniente de las prácticas del ocultismo tienen su origen en las «doctrinas (enseñanzas) de demonios», o están en armonía con las mismas (1ª Timoteo 4:1).

Ninguna persona que participe en el ocultismo (o que comtempla la participación) puede despreocuparse en cuanto a esta posibilidad. Si la evidencia indica que el punto de vista bíblico es cierto, entonces aquellos que participan en el ocultismo puede ser que obtengan más de lo que esperan.

4. ¿Todos los hombres poseen habilidades síquicas o estas habilidades son el resultado de la mediación de poderes espiritistas (demoníacos)?

Una práctica muy común del ocultismo es el desarrollo de las habilidades síquicas. Pero hay mucha confusión en cuanto a lo que son en realidad. ¿Estas habilidades son poderes escondidos en cada ser humano? La mayoría de las personas que lo creen así hacen mención de las investigaciones de J. B. Rhyne y a la parasicología moderna* como «pruebas» de que los poderes síquicos son habilidades naturales que residen en cada persona. Pero esto no es cierto.**

Creemos que los poderes síquicos se obtienen por mediación de la habilidad demoníaca. Esta opinión es fruto del testimonio mismo de los ocultistas; los que pretenden tener poderes síquicos confiesan que si prescinden de sus guías espirituales (demonios que imitan a espíritus ayudadores) no tienen ninguna habilidad sobrenatural. Shamanes, satanistas, brujas, médiums, canalizadores, sanadores síquicos y espiritistas de toda estirpe admiten abiertamente que sin los espíritus ayudadores carecen de poder para realizar las cosas que hacen.

Michael Harner ha sido profesor visitante en Columbia y en Yale. Enseña antropología en la facultad de graduados de la Nueva Escuela de Investigación Social en Nueva York y es presidente del departamento de antropología de la Academia de Ciencias de Nueva York. También es Shamán practicante y autor de *The Way of the Shaman*. El afirma que la fuente fundamental de poder de todos los shamanes es el mundo de los espíritus: «Como quiera que se lo llame, es la fuente fundamental de poder para el funcionamiento de un shamán... Sin un espíritu guardián es de hecho imposible ser un shamán, por el hecho de que el shamán debe tener este enérgico poder...»[24]

En lo que se refiere a los gurúes hindúes y budistas, quienes de hecho poseen numerosas características parecidas a los shamanes,[25] ellos confiesan

---

* Ver el libro escrito por Ankerberg y Weldon, titulado *Cult Watch*, donde se trata la filosofía fundamental del ocultismo y se hace una comparación de éste con el cristianismo (Harvest House,1991).
** La parasicología es el estudio científico de lo oculto, especialmente de los fenómenos de mediación.

también que su poder proviene del mundo de los espíritus. Nada menos que el experto Indries Shah hace la siguiente observación: «Es cierto que el Sadhus (gurú) afirma que su poder proviene exclusivamente de los espíritus; que en él mismo no posee ninguna habilidad especial, con la sola excepción de la concentración».[26]

Louis Jacolliot, antiguo presidente de la Corte Suprema de las Indias Francesas y de Tahití, confiesa la misma cosa. En su libro titulado *Occult Science in India and Among the Ancients* afirma que los poderes síquicos se reconoce que están «bajo la dirección de los espíritus».[27] De modo que los síquicos indúes «produjeron a su antojo los más extraños fenómenos, en contradicción completa de lo que se conoce comúnmente con el nombre de leyes naturales. Con la ayuda de los espíritus que siempre están presentes en todas sus operaciones, según lo aseguran los bramanes, ellos tienen la autoridad al igual que el poder para llamarlos».[28]

En su libro titulado *Adventures into the Psychic*, el experimentado investigador síquico, Jess Stearn, hace la siguiente observación común: «Casi sin excepciones, los grandes médiums... han estimado que eran instrumentos de un poder más elevado que fluía a través de ellos. Ellos no dan por sentado que tienen el poder en ellos mismos».[29]

En otras palabras, la persona que tiene este poder admite casi sin excepción que no se trataba de una habilidad humana. En el libro titulado *Free From Witchcraft*, la ex satanista y bruja Doreen Irvine confiesa lo siguiente:

> «Yo he conocido y he sentido el poder de lo oculto con suficiente frecuencia, pero estoy convencida de que no se trata de un poder natural sino sobrenatural, que obra a través de mi persona. Yo no nací con este poder. El poder no era mío sino de Satanás».[30]

Debe notarse que aun como satanista y como bruja ella no sabía que estaba poseída por varios demonios:

> «Yo estaba familiarizada con los demonios. ¿No los había invocado frecuentemente, acaso, con el fin de que me asistieran en los ritos como bruja y satanista? Pero ahora, por primera vez, me daba cuenta de que estos demonios estaban *dentro de mí*, no fuera. Esto era una revelación asombrosa».[31]

Todo parece indicar que aun las personas más poseídas por los demonios —como Irvine, de quien como dijimos anteriormente, fueron echados 47 demonios,[32]— no necesitan estar conscientes de que hay espíritus habitando en ellos. Si esto es cierto, puede que sea lógico que supongamos que muchos otros que transitan por formas menos virulentas del ocultismo estén poseídos por demonios y que no lo sepan.

Además, si a esta gente le han enseñado con astucia que sus poderes sobrenaturales son «naturales e innatos», supondrán equivocadamente que sus poderes se originan dentro de ellos mismos, como si fueran alguna habilidad síquica «natural» o evolutiva. El hecho de que los demonios obran a través de ellos no sólo se les ocultará, sino que habrá también una aversión natural al propio concepto de los demonios. Esto es porque el concepto de los «poderes naturales» es infinitamente preferible a la idea de confabularse con espíritus sobrenaturales malignos.

No obstante, cualquiera que sea la interpretación que los ocultistas le den a estos poderes, no pueden evadir el hecho de que en verdad son espíritus los que obran por medio de ellos. Por ejemplo, considere el fenómeno de la sanidad síquica, la que muchos toman como un fenómeno «natural» o una habilidad «divina». En su libro titulado *Supersenses*, Charles Panati se refiere a las investigaciones del síquico Lawrence LeShan, quien ha observado personalmente a los sanadores síquicos del oriente y del occidente. Panati afirma lo siguiente: «Pero si los sanadores que él estudió tenían una cosa en común era que ninguno cosideraba que las sanidades eran realizadas por ellos mismos; "era un 'espíritu' que obraba por medio de ellos". Ellos estimaban que sólo eran agentes pasivos... Todos los sanadores que él estudió caían en estados de consciencia alterados con el fin de poder sanar».[33]

Una de las recopilaciones más completas de información referentes a las sanidades síquicas es *Healers and the Healing Process*. En esta investigación de peso, realizada a lo largo de diez años, se expresa lo siguiente:

> «Cualquier estudio sobre los sanadores coloca de inmediato al inverstigador cara a cara con el concepto de que las inteligencias de espíritus (se les da el nombre de guías, controles o protectores) obran a través de la mente de los sanadores para proporcionar información sobre la que el mismo sanador no tiene conocimiento consciente».[34]

El estudio también saca a la luz que «las grandes concentraciones de sanadores parecen estar en países en los que las creencias incluyen lo que se conoce generalmente con el nombre de espiritualismo o espiritismo».[35] Por ejemplo, «tanto en Brasil como en las Filipinas, los sanadores se han formado casi en su totalidad dentro de los límites de las comunidades espiritualistas».[36]

Citas similares sobre las diversas categorías de prácticas ocultistas pueden enumerarse interminablemente. No importa el nombre por el que lo llame la persona que tiene habilidades síquicas, lo cierto es que son los espíritus y no los individuos las verdaderas fuentes de poder.

La realidad es que dondequiera que existan los

poderes síquicos también está presente el mundo de los espíritus. Además, aquellos que poseen habilidades síquicas admiten que sin estos seres espirituales ellos carecen totalmente de poder. Esto nos dice que la única forma de producir poderes síquicos es mediante alguna relación con el mundo de los espíritus, y que ningún hombre tiene la capacidad natural para desarrollar tales habilidades. Si los poderes síquicos fueran verdaderamente una capacidad humana, cualquiera los podría desarrollar. Pero los únicos que desarrollan tales habilidades son los ocultistas, quienes, mediante sus prácticas de ocultismo, se ponen en contacto con el mundo de los espíritus. Por el hecho de que la gran mayoría de las personas jamás han desarrollado estos poderes, no es lógico que supongamos que tales poderes son un potencial humano «natural», que se encuentre latente dentro de la raza.

Consideremos las observaciones hechas por Danny Korem, un mago conocido mundialmente, quien ha investigado a varios de los más conocidos síquicos. En respuesta a la pregunta: «¿Poseen en realidad los seres humanos poderes síquicos?», contestó:

> «Si por habilidad síquica entendemos que la mente puede hacer cosas por sí sola, yo digo que esto no es posible. Esto es lo que uno encuentra cuando se investigan los casos sucesivamente. Se han gastado millones de dólares en investigaciones sobre este asunto y jamás se ha demostrado que el ser humano tenga poder síquico.»[37]

En conclusión, no vemos evidencias de que existan poderes síquicos naturales o latentes. Estos poderes son un «potencial» sólo para aquellos que están explotando los poderes que les dan los espíritus, independientemente si estos seres se perciben así o si vuelven a redefinirse y a colocarse en categorías de neutralidad o naturalidad.

Segunda sección

La Biblia, los poderes síquicos, los demonios y el ocultismo

5. ¿Qué dice la Biblia acerca del diablo?

La Biblia tiene mucho que decir acerca de Satanás. Al diablo se lo considera como a un ángel apóstata quien cayó del cielo (Lucas 10:18; Judas 6; Apocalipsis 12:9). Se lo llama el «tentador»(1ª Tesalonicenses 3:5), «maligno», «malo» (Mateo 6:13; 13:19), el «dios de este mundo» (2ª Corintios 4:4), el «príncipe de este siglo» (Juan 12:31; 14:30; 16:1), «dragón», «serpiente» (Apocalipsis 12:9; 20:2), «mentiroso» y «homicida» (Juan 8:4).

Además, la Biblia asegura que Satanás tiene un reino (Mateo 12:26) que se opone al reino de Cristo (Mateo 16:18; Lucas 11:18) y que él reina sobre un mundo de demonios o espíritus malignos (Mateo 9:34). El engaña a todo el mundo (Apocalipsis 12:9; 13:14), obra en los hijos de desobediencia (Efesios 2:2), obró aun entre los apóstoles (Mateo 16:23; Lucas 22:31; Juan 13:2) y se opone al pueblo de Dios (1ª Corintios 21:1; Zacarías 3:2; Hechos 5:3; 2ª Corintios 2:11; 1ª Tesalonicenses 2:18). El incluso intentó que Dios mismo lo adorara por medio de Jesucristo, acto que indica su desequilibrio mental, o locura (Marcos 1:13; Mateo 4:1-10).

La Biblia también enseña que Satanás siembra semillas de error y duda en la iglesia (Mateo 13:39), ciega las mentes de los incrédulos (Marcos 4:15; Hechos 26:18; 2ª Corintios 4:4), puede poseer a los hombres (Juan 13:27), tiene el poder de la muerte (Hebreos 2:14) y anda alrededor, como león rugiente, buscando a quien devorar (1ª Pedro 5:8). Sus habilidades clave son el poder, el engaño y la astucia. El posee gran poder (2ª Tesalonicenses 2:9) y sutileza (Génesis 3:1). Eso se aprecia en sus traicioneros lazos (2ª Timoteo 2:26), en sus asechanzas (Efesios 6:1), en sus maquinaciones (2ª Corintios 2:11) y en sus transformaciones y habilidades para disfrazarse (2ª Corintios 11:14).

Las Escrituras reconocen que hay verdadero poder en el ocultismo (Isaías 47:9), pero debe evitarse porque se trata de poder *demoníaco* (Mateo 24:24; Hechos 8:7; 13:6-11; 16:16-19; 19:18-20; 2ª Corintios 4:4; Efesios 6:7-11,22; 2ª Timoteo 3:8). El doctor Robert A. Morey hace la siguiente obeservación:

> «La información que tenemos de las Escrituras, de la historia y de la experiencia personal demuestra que Satanás existe. El es un espíritu finito: una criatura constituida por energía pura y que no es afectada por un cuerpo físico. A su alrededor se congregan millones de "seres de energía" quienes pueden matar, mutilar o poseer los cuerpos y las mentes de los seres humanos. Esta enorme multitud de seres de energía extradimensional son los poderes que impulsan los fenómenos del ocultismo.»[38]

En numerosas ocasiones las Escrituras mencionan a Satanás o a sus demonios como la realidad que impulsa la participación en el ocultismo, la idolatría y las falsas religiones (Deuteronomio 32:16,17; Salmo 106:35-40; Hechos 16:16-19; 1ª Corintios 10:19-21; 2ª Tesalonicenses 2:9-10; 1ª Timoteo 4:1).

6. ¿Los demonios son polimorfos (con la capacidad de adquirir diversas formas) y qué son los espíritus burlones? ¿Qué se infiere de la capacidad imitativa de los demonios?

Como ya hemos visto, las Escrituras hablan sobre la realidad de un diablo personal y de multitudes de demonios que tienen «mucho poder» y que deben tenerse como enemigos arteros de todos los hombres (Isaías 47:9; Mateo 6:13; 9:34; Lucas 8:12; 13:16; Juan 8:44; 13:27; Hechos 16:18; 2ª Corintios 2:11; 4:4; 1:3; Colosenses 1:13; 2ª Tesalonisenses 2:9; 2ª Timoteo 2:26).

Una de las tácticas claves del diablo es la de disfrazarse como «ángel de luz» o como siervo de justicia. Las Escrituras afirman claramente que «el diablo se disfraza como ángel de luz» (2ª Corintios 11:14); esto es, que él y sus demonios pueden imitar a un espíritu bueno sólo con el fin de conseguir sus propósitos malignos. Entonces, ¿resulta lógico o sabio que aquellos que hacen contacto con los espíritus acepten a ciegas los reclamos de que son seres divinos?, o ¿deben creerles cuando afirman que sus verdaderos motivos consisten en ayudar espiritualmente a la humanidad?

¿Cómo puede cualquier persona hacer esto en forma lógica, cuando es un hecho que a lo largo de la historia del ocultismo los hombres han reconocido la interminable morfología y la capacidad de imitación de los espíritus? De modo que, según Satprem –discípulo prominente del ocultista Sri Aurobindo– los espíritus «pueden amoldarse a la forma que les de la gana...»[39]

Los espíritus burlones nos proporcionan una ilustración de la sutileza de las estrategias demoníacas. Para los demonólogos del siglo décimosexto el fenómeno de los espíritus burlones era, sin duda alguna, diabólico. Sin embargo, para el hombre moderno y más iluminado, los espíritus burlones son «fantasmas» inofensivos (supuestos espíritus de seres humanos que han fallecido) que frecuentan las casas. Pero de hecho los espíritus burlones no son los espíritus errantes de los seres humanos fallecidos. De hecho son demonios que imitan a los muertos por dos motivos distintos: 1) negación de la enseñanza bíblica del juicio y 2) promoción del ocultismo. Si los muertos tienen libertad para deambular, como aparentan demostrar los incidentes de espíritus burlones, entonces la Biblia se equivoca cuando afirma que los espíritus de los muertos han sido juzgados y aprisionados y que no pueden ponerse en contacto con los que viven (Hebreos 9:27; Lucas 16:19-31; 2ª Pedro 2;9).

Además, los que llevan a cabo las investigaciones de incidentes de espíritus burlones son generalmente ocultistas y patrocinadores del ocultismo: médiums, espiritistas, investigadores síquicos, parasicólogos, etc. Por el hecho de que estas personas por lo general logran «dar solución» a estos incidentes (los espíritus colaboran con gusto detrás del telón), todo el episodio le concede al ocultista autoridad espiritual y credibilidad. Pero como han dado testimonio antiguos médiums, esto no es más que una artimaña de los espíritus con el fin de engañar a los hombres para que crean en enseñanzas no bíblicas: enseñanzas espirituales erróneas que tienen consecuencias dañinas. Ejemplo de lo dicho anteriormente son los relatos de los antiguos médiums Raphael Gasson en *The Challenging Counterfeit* (1969) y de Víctor Ernest en *I Talked with Spirits* (1971).

También los fenómenos de espíritus burlones a menudo se tornan en los medios por los que una persona se convierte al ocultismo. Los encuetros sobrenaturales son tan asombrosos e intrigantes que los testigos y participantes pueden llegar a convertirse a una creencia en lo sobrenatural y acabar envueltos en investigaciones síquicas, como el uso de las tablas de ouija o la asistencia a reuniones espiritistas.

Además, los espíritus burlones *no son* de hecho «fantasmas inofensivos». Aparte de las actividades características de los espíritus burlones, tales como lanzar piedras, mover muebles, desbaratar cocinas, prenderle fuego a la ropa, empapar una habitación con agua, alterar el orden de artículos personales y transportar objetos y niños, «existe también evidencia de que hacen cosas peores todavía, como herir gravemente a una persona o aun matarla».[40]

Finalmente, de miles de incidentes registrados o investigados por el Dr. Kurt Koch, quien fue un ministro cristiano y prominente experto en el ocultismo, en cada caso «las prácticas ocultistas están en la misma raíz de los fenómenos de los espíritus burlones».[41]

Dadas estas habilidades que tienen los espíritus de adoptar casi cualquier forma y de ponerse cualquier disfraz –desde los ángeles hasta los seres humanos fallecidos– ¿cómo podrá cualquier ocultista o espiritista estar seguro de que los espíritus con los que entra en contacto son de verdad quienes reclaman ser? ¿Cómo pueden estar seguros de que las apariciones de los «seres queridos» en sesiones espiritistas no son simplemente los trucos astutos de los demonios, que procuran crear confianza emocional y dependencia?

Las horribles experiencias de ocultistas experimentados como Robert Monroe son una ilustración de los problemas que se enfrentan procurando identificar la verdadera naturaleza de estos seres. En uno de sus numerosos episodios fuera del cuerpo, a Monroe lo atacaron ferozmente dos espíritus malignos. En cierto momento del encuentro lo invadió el pánico y procuró desesperadamente librarse del tormento de ellos. Mientras que él los miraba al instante se conviertieron en las imágenes de sus dos hijas, con el fin de confundirlo emocionalmente en la batalla que sostenía contra ellos.

> «Cuando me di cuenta del truco ya no se parecieron más a mis hijas... No obstante tuve la impresión de que ambos se estaban divirtiendo, como si yo no pudiera dañarlos en ninguna forma. ¡En este punto yo sollosaba pidiendo ayuda!».[42]

Con habilidades como estas, ¿se puede alguna vez ganar? Hasta el famoso espiritista, Emanuel Swedenborg, tuvo que admitir que en esto había una seria dificultad. Aunque Swedenborg se comunicaba libremente con los espíritus le advertía a los demás acerca de los peligros que había en esta práctica. Los espíritus eran casi siempre, advirtió, indignos de confianza y sólo aquellos que habían supuestamente recibido consentimiento divino (como él) podían comunicarse con ellos «sin peligro». Su advertencia fue la siguiente:

> «Cuando los espíritus comienzan a hablar con un hombre este debe asegurarse de no creer nada en absoluto de lo que ellos hablan, puesto que dicen casi cualquier cosa. Inventan cosas y mienten... dicen tantas mentiras, con tan solemne afirmación, que dejarían atónita a cualquier persona... Si una persona les presta atención y les cree, ellos siguen insistiendo, y engañan y seducen de diversas formas... Por lo tanto, tengan cuidado...»[43]

Lo que es aun más desconcertante, según Swedenborg, son aquellos espíritus demoníacos que son actores talentosos, quienes pueden imitar a cualquier persona, esté aún viva o haya muerto. Tienen la capacidad de convencer a sus contactos, quienes llegan a creer que sus comunicaciones provienen directamente de sus amigos y familiares fallecidos, o de gente del pasado.

En otras palabras, nada menos que Swedenborg mismo confesó que los espíritus 1) no eran dignos de confianza y 2) engañadores intencionales y astutos imitadores.

Casi nunca se les ha prestado atención a las advertencias de Swedenborg; casi todos los magos, espiritistas, médiums y ocultistas pretenden contar con la «aprobación divina» y optan por confiar de todos modos en los espíritus. Recuerde, no obstante, que la afirmación anterior no proviene de un creyente cristiano, sino de uno de los principales ocultistas del presente milenio. Además, sus preocupaciones las comparten otros médiums y espiritistas del presente, quienes han descubierto que sus espíritus guías, al fin y al cabo, no eran más que espíritus demoníacos. Los testimonios de Raphael Gasson, Victor Ernest, Johanna Michaelsen y de Ben Alexander son ilustrativos.[44]

¿No es, acaso, una característica natural de una personalidad inteligente –aunque diabólica– ocultar sus verdaderas intenciones, engañar mediante la imitación de lo bueno y recurrir aun a los más refinados (o más básicos) instintos de los hombres? Si el engaño existe a todo lo ancho del mundo material*, ¿por qué vamos a suponer que no existe en el mundo espiritual?

7. ¿Qué pruebas bíblicas existen de que los poderes síquicos son producto de la obra demoníaca y que no son capacidades humanas naturales?

Estamos convencidos de que no sólo la historia de la parasicología y el ocultismo, sino también las enseñanzas bíblicas nos indican que la naturaleza humana carece de las capacidades sobrenaturales que reclaman tener muchos síquicos y ocultistas. En ninguna parte de la Biblia se presenta al hombre como un ser poseedor de poderes que tienen su origen en su propia naturaleza. De modo que cualquier milagro verdaderamente sobrenatural realizado por los hombres debe ser de origen divino o demoníaco: de Dios y de los ángeles buenos o de Satanás y de los ángeles caídos (demonios).

Por eso es que cuando examinamos la Biblia descubrimos que los milagros que realizan los

---

* Para un estudio interesante sobre el tema, ver el libro de M.Scott Peck, *People of the Lie*.

creyentes se han hecho completamente por medio del poder de Dios o por los santos ángeles.

¿Qué profeta bíblico pudo realizar milagros prescindiendo del poder de Dios? ¿Quiénes eran los discípulos antes de que Cristo les diera autoridad? ¿Realizó milagros alguno de ellos? Ni aun el hombre más grande que ha existido, exceptuando a Jesús, realizó un solo milagro (Juan el Bautista; Mateo 11:11, Juan 10:41). Asimismo, el realizador de milagros más grande exceptuando a Jesús fue Moisés. Sin embargo, Moisés confesó que el poder que tenía para realizar milagros no provenía de él mismo sino solamente de Dios (Exodo 3:1, 20; 4:1-17). Jesús mismo enseñó lo siguiente: «Sin mí nada podéis hacer» (Juan 15:5).

Además, fíjese en el enfoque de las siguientes escrituras. En conjunto sugieren que no existe ninguna habilidad síquica oculta que el hombre deba desarrollar.

En Hechos 16:16-19 encontramos la historia de la muchacha esclava que «tenía espíritu de adivinación». Es significativo que cuando el apóstol Pablo hechó el espíritu fuera de la muchacha, ella perdió sus poderes síquicos. «Y salió (el espíritu) en aquella misma hora. Pero viendo sus amos que había salido la esperanza de su ganancia, prendieron a Pablo y a Silas, y los trajeron al foro, ante las autoridades». Ahora bien, si los poderes de esta joven eran innatos y naturales ¿por qué los perdió en el mismo instante en que el espíritu fue hechado fuera? Parece obvio que los poderes síquicos provenían del espíritu, no de la joven.

Moisés, el profeta más grande del Antiguo Testamento, no tenía ningún poder que no procediera de Dios. Como ya dijimos, Moisés confesó abiertamente que los milagros que él realizó no provenían de su propia mano. Dios mismo le dijo directamente a Moisés: «Pero yo extenderé mi mano, y heriré a Egipto con todas mis maravillas que haré en él» (Exodo 3:20; cf. Deuteronomio 34:11,12). «Mira que hagas delante de Faraón *todas las maravillas que he puesto en tu mano*» (Exodo 4:21).

Lo que hemos dicho de Moisés también lo podemos decir de cada profeta bíblico del Antiguo Testamento que hizo milagros: Elías, Eliseo, Daniel, etc. (ver Miqueas 3:8).

En el Nuevo Testamento nos encontramos con la misma situación: Fuera de Dios los apóstoles no tenían poderes propios. Fueron «investidos de poder *desde lo alto*» por Dios el Espíritu Santo (Lucas 24:49; Hechos 2:4, 43). Por ejemplo, en la curación del mendigo que era cojo, en Hechos 3:12, «Viendo esto Pedro (a la gente maravillada por la sanidad milagrosa), respondió al pueblo: Varones israelitas, ¿por qué os maravilláis de esto? ¿o por qué ponéis los ojos en nosotros, como si *por nuestro poder* o piedad hubiésemos hecho andar a éste?»(énfasis agregado).

El apóstol Pablo y Bernabé demostraron la misma actitud. En Hechos 14:11-15 leemos acerca del intento por parte de la multitud de adorar a Bernabé y a Pablo porque vieron los milagros que hicieron: «Entonces la gente, visto lo que Pablo había hecho, alzó la voz,... diciendo: "Dioses bajo semejanza de hombres han descendido a nosotros..." (mas Pablo dijo): "Varones, ¿por qué hacéis esto? Nosotros también somos hombres *semejantes a vosotros...*"»
En Hechos 10:26 Cornelio hizo el intento de adorar a Pedro después de haber visto los milagros que realizó, pero Pedro le dijo: «Levántate, pues yo mismo también soy hombre». En Hechos 4:29-30, Pedro oró así: «Y ahora, Señor,... mientras extiendes tu mano para que se hagan sanidades y señales y prodigios...» En Hechos 14:3 dice: «Por tanto, se detuvieron allí mucho tiempo, hablando con denuedo, confiados en el Señor, el cual daba testimonio a la palabra de su gracia, *concediendo* que se hiciesen por las manos de ellos señales y prodigios». En Hechos 9:34, dice: «Y le dijo Pedro: Eneas, *Jesucristo* te sana...» En Hechos 19:11 dice: «Y hacía *Dios* milagros extraordinarios por mano de Pablo...» En Romanos 15:19

leemos lo siguiente: «Con potencia de señales y prodigios, en el *poder del Espíritu*... todo lo he llenado del evangelio de Cristo». El mismo Jesús dijo, en Lucas 10:19: «He aquí os doy potestad... sobre toda fuerza del enemigo...» Además, en Santiago 5:17: «Elías era hombre *sujeto a pasiones semejantes a las nuestras*», mas cuando «*oró fervientemente*» ocurrió un milagro de Dios.

Hay versículos parecidos a los anteriores, en los que se declara que los milagros divinos provienen de Dios y no de los hombres: Génesis 41:16; Daniel 1:17, 20; 2:27-30; Marcos 6:7; Hechos 15:12, 16:16, 19:11; Romanos 15:19 y 1ª Corintios 12:9,10,29,30.

Pero si la Biblia deja claro que los hombres no tienen poderes sobrenaturales, también es tan claro que el diablo los posee y que puede realizar verdaderos milagros (2ª Tesalonicenses 2:9).

Las pruebas, por lo tanto, parecen ser claras. Los mismos ocultistas admiten frecuentemente que no poseerían habilidades síquicas si no fuera por sus espíritus guías. La Biblia también da testimonio de que los hombres no poseen poder sobrenatural oculto y que los milagros povienen de una de dos fuentes, a saber: Dios o Satanás. Finalmente, más de un siglo de intensivo estudio parasicológico no ha podido producir ninguna evidencia genuina de habilidad síquica*.

Todo lo dicho anteriormente parece indicar que el hombre no es la criatura síquica y sobrenatural que muchos miembros de la Nueva Era y del avivamiento moderno del ocultismo dicen que es.

Finalmente, los milagros bíblicos no se deben comparar con los poderes síquicos, como lo llamados parasicólogos cristianos sostienen. Es un peligro confundir las manifestaciones sobrenaturales en el cristianismo y en el ocultismo. Cuando se examinan

---

*Para una evaluación ver Ankerberg y Weldon, *Cult Watch* (Harvest House, 1991), y Clifford Wilson y John Weldon, *Psychic Forces* (Global, 1987).

las similitudes superficiales lo que hacen es ocultar naturalezas opuestas, que son irreconciliables.

Milagros bíblicos	Poderes síquicos
Fuente de origen	
Dios o los ángeles	Satanás o los demonios (Hechos 16:16-19)
Propósito o fin	
a) Desplegar el poder divino, revelar o confirmar la verdad divina, (Exodo 4:5,29-31; 7:5; Juan 15:24; Hechos 2:22).	a) Desplegar el poder oculto, revelar o confirmar la verdad oculta y esconder o falsificar la verdad divina, o ambas. (Hechos 8:9-10; 2ª Tesalonisenses 2:9,10).
b) Conducir a la gente a Dios, resultando en salvación individual (Juan 4:39; 10:38; 11:40-45; Hechos 17:31).	b) Engañar y conducir a la gente hacia dioses falsos (Deuteronomio 13:1-5), resultando en destrucción del alma (Apocalipsis 21:8).
Resultado	
Glorificar a Dios (Exodo 9:16; Juan 11:4, 40-42).	Glorificar al hombre o a los demonios y excluir a Dios (Hechos 13:8-12).

Tercera sección

¿Cuales son los peligros del ocultismo?

8. ¿Cómo podemos saber cuándo las experiencias síquicas se vuelven peligrosas?

Desafortunadamente, no podemos saber cuándo las experiencias síquicas se vuelven peligrosas. Sólo podemos decir que éstas no deben buscarse. Brooks Alexander, principal investigador del *Proyecto de Falsificaciones Espirituales* en Berkeley, California, hizo la siguiente observación:

> «Mucha gente parece tener las llamadas experiencias "síquicas" sin que las mismas les produzcan daños emocionales o espirituales. Del mismo modo parece claro que el mundo de la búsqueda y la fascinación síquicas es un parque de diversiones demoníaco. ¿Cómo determinar cuál es el nivel aceptable de involucramiento síquico? Lo desconocemos. Cada persona hace frente al peligro demoníaco en su propio nivel de tentación, sea cual fuere este nivel.
>
> »La realidad es que nadie sabe cómo obran los seres demoníacos en relación con los fenómenos síquicos. Por lo tanto, es imposible afirmar que determinada cantidad de involucramiento síquico resultará en contacto demoníaco. No

sabemos dónde están los límites entre la dedicación superficial y el demonismo, o entre la curiosidad y la dedicación; ni sabemos cómo ni cuándo se traspasan los límites. Puede ser que la pregunta de "cuánto" tenga que ver menos con esto de lo que nos imaginamos. Yo diría que el patrón neutral y mental que establece la participación en asuntos síquicos provee una *entrecara* con otras formas de consciencia, que son extradimensionales y de naturaleza demoníaca. Si así es la cosa, la dedicación superficial a lo síquico es un poco parecido a entrar en una jaula en la que está encerrado un tigre devorador de hombres. Puede ser que lo devoren o puede ser que no, en parte según el hambre que tenga el tigre. Lo significativo aquí es que una vez que uno entra en la jaula, el que tiene la iniciativa es el tigre.»[45]

Todo parece indicar que la participación en el ocultismo, en muchos aspectos, es como otros pecados: mientras más tiempo y más profundamente se involucre uno, se corren más riesgos. Tal vez las consecuencias para algunos llegan más pronto que para otros. De modo que una actividad determinada o la duración de la misma, en un contexto, puede ser que no tenga el mismo efecto en otro.

También debe notarse que los efectos de la participación en los asuntos síquicos puede ser que no se observen visiblemente. Es posible que no se vean, que esten en el subconsciente o que no se perciban; por ejemplo, puede manifestarse como una creciente e indiscernible resistencia al evangelio, o las etapas iniciales e imperceptibles de daño sicológico o posesión.[46]

9. ¿Hay peligros sicológicos y físicos en las prácticas del ocultismo?

Debe ser evidente que uno de los motivos por los cuales el ocultismo es peligroso radica en el hecho de que pone a la gente en contacto con demonios, quienes a pesar de sus reclamos de bondad, tienen poco amor hacia los hombres. En la Biblia se presenta a los demonios como aquellos que proporcionan diversas dolencias a sus víctimas, tanto físicas como espirituales. Aunque debe hacerse incapié en el hecho de que la mayoría de los padecimientos mentales o físicos *no* son producidos por los demonios, la gama de posibles síntomas que se mencionan en las Escrituras abarca prácticamente todo el funcionamiento de la mente y del cuerpo humanos: enfermedades de la piel (Job 27), actos irracionales y destructivos (Mateo 8:28, Lucas 11:14), convulsiones similares a las de la epilepsia (Mateo 17:15, Marcos 9:20, Lucas 9:39), ceguera (Mateo 12:22), dolor atormentador (Apocalipsis 9:1-11), locura (Lucas 8:26-35), agudas deformaciones físicas (Lucas 13:11-17) y otros síntomas. Los demonios pueden, con la misma facilidad, concederle a una persona poder sobrenatural y conocimiento (Lucas 8:29) o tratar de asesinarla (Mateo 17:15).

No nos sorprende oír acerca de numerosos relatos de médiums, espiritistas y ocultistas —y de aquellos que los visitan— que padecen físicamente de una forma parecida o exacta a los síntomas descritos anteriormente.[47]

Por ejemplo, la famosa médium rusa, Ninel Kulagina, fue el objeto de repetidos experimentos parasicológicos. En medio de algunas de las pruebas se le prendía fuego repentinamente la ropa y le aparecían extrañas quemaduras en el cuerpo. Soportó, como resultado de sus actividades síquicas, «dolores, largos períodos de mareos, pérdida de peso, incomodidad prolongada» fuertes dolores de espalda, visión nublada, y un ataque cardíaco que por poco le quita la vida.⁴⁸ Desafortunadamente, al ataque cardíaco fue tan fuerte que Kulagina quedó inválida para toda la vida.

El infame ocultista Aleister Crowley acabó en un asilo para dementes durante seis meses después de tratar de conjurar al diablo. Sus intentos de conjurar a espíritus ayudadores a menudo favorecía que vinieran más demonios aun. Sus hijos murieron y sus esposas enloquecieron –o las mató el alcohol. Dos biógrafos hicieron la siguiente observación: «Todos los afectos humanos que había en su corazón... fueron hechos pedazos y pisoteados con tal ingenio infernal en su creciente tortura, que su resistencia sobrepasa lo increíble».⁴⁹ La tragedia de Crowley nos ilustra un punto importante, que aun teniendo amplios conocimientos y experiencia en el ocultismo, aun así uno no tiene seguridad. Y si los expertos en el ocultismo no tienen seguridad, ¿cómo podrá alguna persona asegurar su propia protección?

Además, a los que participan en lo síquico y a sus familiares les ocurren «accidentes» trágicos y otras clases de lesiones. Nada menos que el experto Dr. Koch ha obeservado que la gente que está bajo el yugo y la posesión demoníaca del ocultismo «a menudo tienen accidentes fatales. Tengo en mis archivos numerosos ejemplos como estos».⁵⁰ En otra parte dice: «Quisiera señalar que en mi propia experiencia he sido testigo de numerosos casos de suicidios, accidentes fatales, ataques cardíacos y demencia entre los practicantes del ocultismo».⁵¹

Al sondear el mundo del ocultismo es fácil citar ilustraciones de tales «accidentes» y de otras consecuencias. El famoso cirujano síquico, Arigo, murió en un accidente automovilístico horrible; el ocultista ruso llamado Gurdjieff estuvo al borde de la muerte en un grave accidente automovilístico. Edmond Gurney, conocido parasicólogo, autor de *Phantasms of the Living* murió trágicamente por accidente o suicidio; el espiritista «cristiano», William Branham, murió en un accidente automovilístico; el padre espiritual ocultista llamado Rudrananda murió a los 45 años de edad en un accidente aéreo ocurrido en 1973. [52]

Los padres de la famosa médium, Eileen Garrett, se suicidaron; el hermano de Krishnamurti, Nityananda, murió a los 25 años de edad y Krishnamurti padeció de un horrible endemoniamiento a lo largo de su vida. Padeció extraños y agonizantes tormentos como parte de una «presencia» transformadora a la que el llamó «el proceso».[53]

James I. Wedgwood, un convertido a la teosofía y líder de la Iglesia Católica Liberal, teosóficamente instituida, estuvo enloquecido durante los últimos 20 años de su vida: y podemos mencionar incontables casos parecidos a este. En nuestros propios estudios nos hemos tropezado con ataques cardíacos, ataques de epilepsia, trastornos mentales, extrañas cegueras temporales, problemas estomacales, de los ojos y de la piel, y muchas otras dolencias que resultan de las prácticas del ocultismo.[54]

A lo largo de su vida el doctor Koch aconsejó a más de once mil personas[55], quienes habían tenido problemas que surgieron como resultado de sus prácticas ocultistas. El dice lo siguiente sobre aquellos que practicaban activamente el ocultismo: «Las historias familiares y el final de estos obreros del ocultismo son, en muchos casos conocidos por mí, tan trágicos que ya no es posible catalogarlos como coincidencia».[56] Para aquellos que son participantes *pasivos* él hace ver que «la sujeción al ocultismo tiene relación con disturbios sicológicos que presentan las siguientes características predominantes:

    a. Disminución y distorsión del carácter: personas duras y egoístas; antipáticos, de naturaleza sombría.

    b. Pasiones extremas: sexualidad anormal; carácter violento, beligerancia; tendencias a la adicción; crueldad y cleptomanía.

    c. Perturbaciones emocionales: pensamientos compulsivos, melancolía, pensamientos suicidas, estados de ansiedad.

d. Posesiones: impulsos destructivos, arranques de locura, tendencia a los actos violentos y al crimen...

e. Efermedades mentales.

f. Actitud intolerante hacia Cristo y hacia Dios: ateísmo consciente, simulación de piedad, indiferencia a la palabra de Dios y a la oración, pensameienos blasfemos, conceptos religiosos falsos.

g. Fenómenos inexplicables en su entorno.[57]

El doctor Merrill F. Unger, autor de cuatro libros sobre ocultismo y demonismo, dice lo siguiente:

> «Es horripilante contemplar la esclavitud y la opresión síquicas que padecen los traficantes mismos de ocultismo, al igual que sus seguidores».[58] Además expresa: «Tanto la siquiatría como la sicología reconocen los efectos adversos que producen las actividades espiritistas en la mente. Aparecen síntomas de doble personalidad después de contínuos involucramientos con el ocultismo. La siquiatría define los desórdenes resultantes como sicosis mediumística».[59]

El filósofo, abogado criminalista y notable teólogo, Dr. John Warwick Montgomery, ha escrito y editado varios libros sobre el ocultismo y posee una de las más completas bibliotecas de libros raros de ocultismo en el país. El advierte:

> «Existe una correlación definitiva entre las actividades negativas del ocultismo y la locura. El siquiatra europeo L. Szondi ha demostrado una alta correlación entre la participación en el espiritismo y en el ocultismo (y los caminos teosóficos que tienen relación con los mismos) y también con la esquizofrenia. La

tragedia de la mayor parte de la brujería, de la invocación de demonios y de las prácticas afines es que aquellos que las practican se niegan a hacerle frente al hecho de que las mismas *siempre* resultan en *lo peor*. Lo que se recibe por medio del pasado fáustico jamás satisface y de todos modos uno paga con su propia alma.»[60]

Existen diversas formas de pagar un precio como el mencionado anteriormente. Como hemos visto, el suicidio es uno de los riesgos que corren los que practican el ocultismo. A menuno los espíritus procuran intencionalmente que la persona no precavida se suicide. Si la persona está procurando librarse del ocultismo se le dice que jamás podrá lograrlo y que la única salida es el suicidio. Algunos gurúes han advertido a sus discípulos que aquellos que los abandonen se suicidarán como consecuencia natural y que la única alternativa es seguirlos o morir. [61]

Hay otras personas que se enamoran de las elevadas descripciones que sus espíritus guías les hacen sobre las «maravillas» y los «placeres» de la «vida venidera», por lo que se les insta amorosamente a «unirse a ellos». El teólogo liberal y partidario del ocultismo, Morton Kelsey, hace la siguiente oberservación:

> «Dos investigadores laborando en torno al problema del suicidio en Los Angeles se maravillaron por la alta frecuencia, en el transcurso de sus entrevistas, en que las personas que mostraban tendencias suicidas hacían referencia a la comunicación con los muertos»[62]

El asesor espiritual de las Naciones Unidas y líder espiritista, Sri Chinmoy, confiesa que los espíritus son artificiosos y malignos. El afirma que, en visiones, se les han aparecido a sus discípulos en la misma figura de su gurú y les han ordenado que se quiten la vida con el fin obtener «liberación kármica» en forma más rápida.[63]

A la luz de todo esto, la declaración de Jesús de que el diablo es «mentiroso» y «homicida desde el principio» (Juan 8:44) es muy precisa. De hecho, los métodos e intenciones fatales del diablo se hacen evidentes a lo largo de la ignominiosa historia del ocultismo. Consideremos el caso del doctor Carl A. Wikland, consumado espiritista e investigador de sicología. Su esposa era una médium que caía en trance y era «fácilmente controlada por inteligencias descarnadas».[64] Durante más de treinta años Wickland se comunicó con el mundo de los espíritus por medio de ella y tomó notas de sus enseñanzas. Estas se presentaron en su obra titulada *Thirty Years Among the Dead*.

Wickland se convirtió en un reconocido experto en asuntos de espiritismo y ocultismo. Aun Sir Arthur Conan Doyle –autor de la serie Sherlock Holmes y conocido convertido al espiritismo– dijo lo siguiente refiriéndose a Wickland: «Jamás he conocido a alguien que haya tenido tan vasta experiencia de lo invisible».[65]

La vida de Wickland se pareció en cierto modo a la del gran Emanuel Swedenborg, el famoso espiritista del siglo décimoctavo. Aunque ambos, Swedenborg y Wickland, practicaron ampliamente el espiritismo, los dos pronunciaron severas advertencias tocante a los peligros de éste (ver sexta pregunta). Wickland dice que «numerosos suicidios inexplicables se deben a la influencia obsesiva de los demonios o a la posesión de los mismos. Algunos de estos espíritus actúan por el deseo que tienen de atormentar a sus víctimas...»[66]

Según sus amplias experiencias personales él se dio cuenta de que el espiritismo a menudo causa:

«... demencia, que varía en intensidad desde la aberración sencilla hasta incluir toda clase de locura, histeria,

> epilepsia, melancolía, conmoción severa, cleptomanía, idiotez, manía religiosa y suicida, además de amnesia, invalidés síquica, dipsomanía, inmoralidad, bestialidad, atrocidades y otras formas de criminalidad.»[67]

El efecto, su libro dedica capítulos enteros a la influencia de los espíritus hacia el suicidio, prácticas criminales, uso de drogas y otras actividades del mismo calibre. El confiesa:

> «En muchos casos de asesinato rebelde, las inverstigaciones mostrarían que los crímenes fueron cometidos por personas inocentes, actuando bajo los controles de ... espíritus.»[68]

Wickland no es el único que señala los peligros sicológicos de las prácticas del ocultismo. Algunos expertos opinan que un porcentage considerable de aquellos que están internados en hospitales para salud mental es posible que sufran de enfermedades mentales causadas por las prácticas del ocultismo o la posesión demoníaca –o ambas a la vez. El doctor Koch hace referencia a un siquiatra de Nueva Zelandia quien «afirma que el 50% de los neuróticos que reciben tratamiento en las clínicas de la zona de Hamilton, son el fruto de la brujerería Maori».[69] El también menciona a un siquiatra cristiano que cree que hasta la mitad de los pacientes en su clínica siquiátrica padecen de opresión causada por el ocultismo y no propiamente de una enfermedad mental.[70]

La doctora Anita Muhl, experta en el uso de la habilidad de médium que consiste en la escritura automática en la sicoterapia, hace notar que el automatismo «a menudo provoca la sicosis». Ella da muchos ejemplos.[71] Roger L. Moore, sicólogo de religión en el Seminario Teológico de Chicago, hace notar que «hay paralelos inquietantes» entre el esquizofrénico paranoico y el que está muy envuelto en el ocultismo. También se dio cuenta, en un simposio de la Academia Estadounidense de Religión, que «la participación en el ocultismo es peligrosa para las personas que están más interesadas en el mismo... Muchos de ellos se han vuelto sicóticos paranoicos».[72]

Todo lo dicho anteriormente demuestra que la participación en el ocultismo presenta riesgos tanto físicos como sicológicos. Nadie que conoce los hechos lo puede negar. Pero también presenta riesgos espirituales.

10. ¿Es la posesión un riesgo concreto para aquellos que participan en el ocultismo?

¿Qué es la posesión o *demonización*? El doctor C. Fred Dickason, quien ha escrito varios libros sobre demonología, nos brinda la siguiente explicación sobre el origen y significado de esta palabra:

> «El verbo (griego) *daimonizomai* significa "poseído por un demonio". El participio de la misma raíz, *daimonizomenos*, se utiliza doce veces en el Nevo Testamento griego. Sólo se emplea en tiempo presente, lo que indica el estado continuo de la persona poseída por un demonio, o endemoniada... En conjunto el participio en su raíz significa "una pasividad causada por un demonio". La posesión nos pinta un cuadro de un demonio que controla a una persona que es, hasta cierto punto, pasiva.»[73]

En esencia, una persona endemoniada es aquella que se encuentra bajo la influencia directa o el control de uno o más demonios. Los síntomas de la posesión demoníaca no se manifiestan en todo momento y los demonios pueden, al parecer, entrar y salir a su antojo. Sin embargo, parece que ellos por lo general prefieren quedarse dentro de su anfitrión, aunque la persona no sea cosciente de este hecho (ver cuarta pregunta).

Desafortunadamente, la posesión demoníaca o la habitación por parte de los demonios que controlan a una persona para conseguir sus fines ocurre cada vez con mayor frecuencia. Esto es el fruto directo de nuestro avivamiento moderno del ocultismo. La mayoría de la gente no se da cuenta de lo amplia que es la posesión demoníaca en América. La ex satanista y bruja, Doreen Irvine, confiesa lo siguiente: «La posesión demoníaca es real, muy real, y aumenta a un ritmo alarmante en la época actual».[74] El avivamiento moderno de la canalización ilustra el hecho de que miles de americanos están dispuestos a abrirle sus mentes y cuerpos a los espíritus, para permitirles que entren y los posean.[75] El notable siquiatra M. Scott Peck hizo la certera oberservación de que casi siempre el ocultista es el que queda poseído: «Es evidente por la literatura existente sobre la posesión que en la mayoría de los casos se ha participado en el ocultismo: con una frecuencia mucho mayor de lo que puede esperarse de la población en general».[76]

Aun así todavía hay mucha gente hoy que se burla de la idea de la posesión demoníaca. Pero este fenómeno es tan antiguo como el hombre mismo. De hecho, las pruebas referentes a la realidad de este fenómeno son impresionantes.

Nada menos que el doctor Montgomery, experto en la materia, afirma: «El problema que se enfrenta al tratar de determinar si ocurren posesiones demoníacas y si la brujería funciona es extremadamente sencillo. Las pruebas son abrumadoras».[77] En un libro importante sobre los estados cambiados de consciencia –*Religion, Altered Sates of Consciousness and Social Change*– la editora, Dra. Erika Bourguignon hace notar que de 488 sociedades estudiadas, el 74% creía en la posesión de los espíritus:

> «Debe notarse que tales creencias se dan en el 74% de las sociedades que

fueron estudiadas, con un máximo de 88% en el pacífico insular y un mínimo de 52% en Norteamérica. Estas creencias, por lo tanto, son peculiares de la gran mayoría de nuestras sociedades (sobre la tierra).»[78]

En *The Devil's Bride: Exorcism Past and Present*, el investigador síquico Martin Ebon confiesa:

«El carácter uniforme de la posesión, en diversas culturas y en diferentes épocas, es sorprendente».[79]

Debemos preguntarnos de dónde procede una creencia tan predominante, a no ser del hecho de la posesión misma de los espíritus. ¿No nos dice esta uniformidad, empleando las mismas palabras de Ebon, que puede haber una «presencia universal de diablos, demonios o espíritus posesivos»?[80] John S. Mbiti observa en su libro *African Religions and Philosophy* que «la posesión de los espíritus ocurre en una forma u otra en casi todas las sociedades africanas».[81] Lo mismo sucede en el resto del mundo.

Desafortunadamente, es horrible contemplar el destino de los endemoniados, ya sea que lo estén voluntaria o involuntariamente. Estos horrores se describen con lujo de detalles en la historia del ocultismo y la parasicología, en los estudios antropológicos (shamanismo), en el mediumnismo y el espiritismo, así como en diversas obras sobre la posesión demoníaca.[82] A pesar de que mucha gente moderna se burla del concepto mismo de la posesión demoníaca, muchos ocultistas de hecho lo buscan por sus características «proveedoras de poder». Considere la siguiente descripción de la posesión ocultista por parte de un espíritu posesivo, durante el ritual maestro kabbalista:

«Por fin —y él sabrá seguramente cuándo— la forma divina lo controlará.

Para comenzar, el adepto sentirá un aturdimiento exquisito alrededor de la base del cráneo, lo que pronto le provocará convulsiones en todo el cuerpo. Mientras que esto sucede, y a medida que el poder entra en él, la persona se obliga a sí misma a visualizar aquello que desea que realice su magia, a fin de tener éxito. La persona debe meterse de lleno en esto y, como nuestros amigos en Bacchantes, debe azotarse hasta volverse verdaderamente loco. En este punto la fuerza evocada será expulsada, con el fin de hacer realidad el propósito por el cual se hizo el rito.

»A medida que la persona siente que la fuerza lo llena, el adepto, mientras que todavía visualiza la intención mágica hecha realidad, la impulsa para que continúe con el fin de que sus deseos se hagan realidad...

»Para algunos magos el trastorno de la razón (una locura temporal que se cultiva) coincide con el momento del sacrificio. Hay otros que realizan este sacrificio antes de proseguir hacia el clímax del rito, por lo que afirman que la energía vital que descarga la sangre de la víctima colabora para que el ser que realiza la posesión aparezca dentro del círculo (mágico). Como tradición se degolla a la víctima... Lo más común... la práctica del acto sexual... El estallido de poder se efectúa en el mismo instante en que se produce el orgasmo y la posesión ocurre pocos segundos antes.»[83]

No es sorprendente que haya serias consecuencias morales y sociales como resultado del avivamiento moderno del ocultismo, algunas de las cuales deben mencionarse también brevemente.

11. ¿Cuáles son algunas de las consecuencias morales y sociales del ocultismo?

La filosofía ocultista típica es amoral. Es decir, que no le interesa esencialmente las normas morales. Por este motivo es que el ocultismo se convierte en una adicción a la maldad para mucha gente. El doctor Unger afirma: «Las personas que están metidas en el ocultismo a menudo son inmorales».[84] De hecho, la inmoralidad sexual es tan penetrante y tan pervertida que es imposible describirla. El sadomasoquismo, el bestialismo, la necrofilia y aun cosas peores son comunes en algunos círculos del ocultismo. Unger añade lo siguiente: «La degradación moral y la perversión de los que se rinden a la adoración y al servicio de Satanás son horribles...»[85]

La conocida ex bruja, Doreen Irvine, recuerda lo siguiente:

> «La mentira, el engaño, las maldiciones, la lascivia sin barreras —aun el homicidio— se toleran... Al satanista principal no le importaba mi prostitución. El creía que mientras más maldad tolerara o lograra en esta tierra, mayor sería su recompensa...Yo había sido testigo de orgías diabólicas y horribles en el templo de los satanistas, pero habría de presenciar peores cosas en las reuniones de brujas... En todas las reuniones se practicaban horribles actos de perversión sexual...Muchas brujas negras eran homosexuales. El sadismo se practicaba a menudo...Imagínese a más de cien brujas participando en tales perversiones simultáneamente... Yo hice más perversidades en una semana que lo que muchos practican en toda una vida.»[86]

Desafortunadamente, los métodos que emplean los ocultistas son por lo general pragmáticos: hacen lo que sea necesario con tal de lograr el fin que se persigue. Esto puede incluir desde el desarrollo de los poderes síquicos, hasta la posesión demoníaca, desde los sacrificios humanos hasta otros actos de abierta maldad, desde la locura temporal provocada hasta actos de automutilación física».[87]

Muchas tradiciones del ocultismo, tal como ocurre con el tantrismo, enseñan que aquellos que desean «esclarecimiento» espiritual pueden de hecho tomar parte en actos de maldad o criminales con el fin de entender y experimentar personalmente que la maldad es sólo una «ilusión». Los líderes espirituales indúes y budistas a menudo enfatizan el hecho de que la realidad es amoral. Por eso es que el líder espiritual indú, Rajneesh, enseñó lo siguiente: «Al tantra no le interesa su llamada moralidad. De hecho, hacer énfasis en la moralidad es cruel y degradante; es inhumano». El continuó enfatizando que la maldad es «buena»: «*Todo* es santo; nada es inmundo», incluso la violación y el homicidio. También enseñó que «Dios y el diablo no son dos cosas distintas».[88]

En un comentario sobre la enseñanza del *Bhagavad Gita*, un libro santo indú, Rajneesh dice:

> «Aunque uno asesine a alguien concientemente, aunque haya estado en completo estado de consciencia (esclarecido) es meditativo. Esto es lo que Krishna le decía a Arjuna... Mata, asesina, en plena consciencia, sabiendo plenamente que nadie es asesinado y que no se mata a nadie... Sólo conviértete en el instrumento de las manos divinas y sabe bien que no se mata a nadie; no se puede matar a nadie.»[89]

Aquí Rajneesh sólo repite la filosofía amoralista de tantos «dioses» del oriente y de guías espirituales, quienes predican la filosofía ocultista. El dios indú Indra afirma lo siguiente en otro libro indú santo, el *Kaushitaki Upanishad* (3:1,2): «El hombre que me conoce como yo soy no pierde nada, no importa lo que haga. Aunque mate a su madre y a su padre, aunque robe o se haga un aborto, cualquiera que sea la maldad que haga, no se blanquea si me conoce como soy».[90] En *Bhagavad Gita* 9:30, el dios indú Krishna declara lo siguiente: «Aun si uno comete los actos más abominables... se le debe considerar como santo, por el hecho de que está adecuadamente ubicado», en el servicio a Krishna y en más «elevada» consciencia.[91]

En su comentario sobre el *Bhagavad Gita,* Maharashi Mahesh Yogi, fundador de la meditación trascendental, hace la observación de que el personaje principal del *Gita*, Arjuna, debe «llegar a un estado de consciencia que habrá de justificar cualquier acto que cometa y que aun le permitirá asesinar en amor, en apoyo del propósito evolutivo».[92] Pero podemos cambiar con mucha facilidad de tales religiones orientales a la filosofía de la familia Manson. Charles Manson dijo en cierta ocasión: «Yo no he asesinado a nadie».[93] Susan Atkins, miembro de la familia Manson, creía que sus asesinatos se realizaron en amor. «Hay que tener mucho amor en el corazón para hacerle a Sharon Tate lo que yo le hice». Sandra Good, miembro de la familia, explicó lo siguiente: «No hay nada malo... Uno asesina a quien se le interponga en el camino».[94]*

La orientación antisocial de muchas prácticas orientales que se utilizan en América en la actualidad pone de manifiesto aun con mayor claridad por las palabras de Micea Eliade, en su libro *Yoga, Immortality and Freedom*:

> «Los textos tántricos a menudo repiten el dicho: "Por los mismos actos que envían a algunos hombres al infierno

---

* Los gurues orientales pueden o no interceder por las prácticas demoníacas, no obstante su filosofía monista logicamente conduce a eso.

por miles de años, el yogi obtiene su salvación eterna..." El *Brhadaranyaka Uparnisad* (V, 14,8) (enseña)...: "Uno que sepa esto, aunque cometa muchas maldades, lo consume todo y se hace limpio y puro..."»[95]

Además, en el tantrismo budista, al aspirante a Buda se le permite mentir, robar, engañar, cometer adulterio y otros crímenes, porque en el Tantra «todos los opuestos son ilusorios, (de modo que) la extrema maldad coincide con el extremo bien. El ser Buda (esclarecimiento espiritual) puede —dentro de los límites de este mar de apariencias— coincidir con suprema inmoralidad...»[96]

No es sorprendente, por lo tanto, que Eliade note la siguiente conección entre la brujería europea y el yoga tántrico:

> «...todas las características relacionadas con las brujas europeas son —con la sola excepción de Satanás y el Sabbath— parte de los yogis indotibetanos y magos. Se supone que ellos también... maten a la distancia, dominen demonios y fantasmas y otras cosas. Además, algunos de estos indúes excéntricos y sectarios se jactan de que ellos violan todas las reglas sociales y los tabúes religiosos: hacen sacrificios humanos, practican el canibalismo y toda clase de orgías, incluso las relaciones sexuales insestuosas; e ingieren excremento, animales repulsivos y comen cadáveres humanos. En otras palabras, con orgullo afirman cometer todos los crímenes y las horribles ceremonias mencionadas *ad nauseam* en los juicios de las brujas en la Europa occidental.»[97]

De hecho, no cabe duda de que hoy en los Estados Unidos de América se realizan cientos y tal vez miles de sacrificios humanos anualmente, en los ritos ocultistas a lo ancho de todo el país.[98] El sicólogo James D. Lisle cree que en el caso de diversas clases de magia negra, tales como el satanismo y la brujería, «uno nunca puede estar seguro de que una persona que practica estas cosas no se extralimitará para caer en el sacrificio de niños y en el canibalismo. Tenemos pruebas de que estas cosas ocurren».[99]

Además, en el presente está saliendo a la luz la relación que existe entre los asesinos en serie y el ocultismo. Richard Ramirez, el supuesto «acechador nocturno», y principal sospechoso de catorce asesinatos y cerca de cincuenta delitos más cometidos en California, parece haber estado envuelto en el satanismo. El asesino en masa, David Burkowitz, el «hijo de Sam el asesino», también parece que era miembro de una secta satánica.[100] Hasta los asesinos de niños de Atlanta puede que hayan hecho una combinación de vudu, pornografía y prostitución, drogas y ritos de asesinatos.[101]

De hecho, los ocultistas a veces asesinan en obediencia al mandato directo de sus espíritus guías. Hasta Jim Jones, arquitecto de la muerte de más de novecientas personas en Jonestown, Guyana, también «creía que había sido guiado por un espíritu sobrenatural».[102]

Claro que el empleo de poderes sobrenaturales con el fin de asesinar tiene una larga y noble tradición en el ocultismo, incluyendo a la brujería, el satanismo, el vudu, el shamanismo y la muerte por maleficios, etc.[103]

Por ejemplo, el programa noticioso de ABC titulado «20/20», el 16 de mayo de 1985 transmitió un segmento titulado «The Devil Worshipers»(Los adoradores del diablo). Allí se afirmó que el satanismo «se practicaba a todo lo ancho de la nación» con la inclusión de actos perversos y «repulsivos que iban más lejos de lo que uno podría imaginarse». Estos actos incluían «el suicidio, el asesinato y la matanza de niños y animales».[104]

Rose Hall Warnke, esposa del ex sumo sacerdote satanista, Mike Warnke, ha escrito una conclusión de su horrible libro titulado *The Satan Seller*, titulado *The Great Pretender*. En el mismo ella afirma lo siguiente:

«1. Pruebas de setenta y cinco asesinatos cometidos por los satanistas en 1984

»2. La necesidad de hacer sacrificios humanos para ascender en posición.

»3. Canibalismo: "Arrancan un trozo del corazón y lo sostienen en sus manos. Luego arrancan un pedazo y se lo comen: como lo haría un animal".

»4. Numerosas amenazas de muerte por parte de los satanistas.

»5. Infiltración de la iglesia.

»Hay un profesor universitario en un estado montañoso que tiene un programa radial cristiano, al que se puede llamar para recibir asesoramiento cristiano. Pero, en verdad, se trata de un sumo sacerdote en la iglesia satanista... Los satanistias asisten a las iglesias cristianas y se sientan entre los creyentes como si ellos fueran parte de la iglesia. Hacen esto con el fin de estar al tanto de lo que sucede.»[105]

Las advertencias del ministerio Warnkes en contra de los satanistas recibe alrededor de 50.000 cartas y llamadas telefónicas cada mes. Sin embargo, mucha gente, incluso creyentes, se niegan a aceptar que ha habido siquiera un avivamiento del satanismo. No obstante, Maury Terry advierte, en *The Ultimate Evil*, que en la actualidad los Estados Unidos de América es víctima de las sectas asesinas.[106]

Esto no debe sorprendernos. Estamos en medio de un importante avivamiento del ocultismo. Numerosos libros, como el escrito por Nigel Davies,

Human Sacrifice in History and Today ; el de Alastair Scorli, *Murder for Magic: Witchcraft in Africa* ; el del erudito de Oxford, R.C. Zaehner, titulado *Our Savage God: The Perverse Use of Eastern Thought*; el escrito por el premiado reportero Larry Kahaner, titulado *Cults That Kill: Probing the Underworld of Occult Crime*; y también el libro escrito por Paul Dove, que lleva por título *Indian Underworld* , demuestran que en el ocultismo se practica mundialmente el crimen ritual, tanto históricamente como en el presente.[107] Además, una vez que la gente comienza a entender la filosofía del ocultismo, «que justifica tales asisinatos», pueden ver por lo menos la posible relación que existe entre la actividad del ocultismo y algo como el sacrifico de seres humanos.

La razón fundamental por la que se realizan sacrificios de seres humanos se discute en el libo titulado *The Black Arts*, escrito por Richard Cavisdish, quien estudió en Oxford:

> «En la teoría ocultista una criatura viviente es un almacen de energía, y cuando se mata se libera la mayor parte de esta energía... La cantidad de energía que se pone en libertad cuando se mata a la víctima es muy grande y no tiene nada que ver con el tamaño y la fuerza del animal... El espíritu o la fuerza que se invoca en la ceremonia es casi siempre invisible. Puede ser visible para el mago- ...cuando toma posesión de alguno de los seres humanos que participan en el rito... El motivo principal por el que se realiza el sacrificio es, sin embargo, la carga sicológica que recibe del mismo... De hecho es más efectivo sacrificar a un ser humano, por el hecho de que producirá una mayor carga sicológica... Existe una tradición que dice que el sacrificio más efectivo que se hace a los demonios es el asesinato de un ser humano... (cuando se

combina el sacrificio) con la liberación de la energía sexual y el orgasmo, resulta en un mayor aumento de la locura del mago y de la cantidad de fuerza que recibe.»[108]

Considere la siguiente descripción, hecha por un miembro de alto rango de la secta Rajneesh, después de la muerte de un discípulo, aparentemente por causas naturales:

«De repente todos sentimos que la energía extática tenía tanta vida... Podíamos sentirla a todo nuestro alrededor: dentro de nosotros, en los árboles, en el aire». Una persona, en el mismo momento de la muerte del discípulo, sintió «una energía increíblemente sobrecogedora había pasado de su cuerpo al mío. Me llené de energía. Era como un orgasmo total».[109]

Las experiencias como la anterior, al parecer inducidas por demonios que producen o manipulan energías del ocultismo, son las que pueden finalmente conducir a prácticas ocultistas más poderosas y finalmente a un descenso hacia el sacrificio humano, como medio para intoxicarse espiritualmente, para adelantar espiritualmente, o para ambas cosas.

Desafortunadamente, se podrían escribir varios libros sobre las consecuencias sociales del ocultismo. Dicho de forma muy sencilla, la desintegración social es el resultado de una cultura que se convierte al ocultismo con todo el corazón. Los Estados Unidos de América ya ha comenzado a transitar por este camino. En esencia, el rechazo de la moralidad por parte del ocultismo, su promoción activa de las drogas y de la sexualidad pervertida, incluso el abuso sexual de los niños, la obsesión que tiene con la muerte, su glorificación de los demonios y su negación de la causa y los efectos en el ámbito de la ética y de la medicina, entre otros, traen colectivamente sus consecuencias.

En su artículo titulado «Satanism and the Devolution of the New Religions», el doctor Carl A. Rashcke, graduado de Harvard y profesor de estudios religiosos en la Universidad de Denver, establece la interelación que existe entre el satanismo, las nuevas religiones, las drogas y la criminalidad moderna. Este artículo, junto con muchos otros, revela claramente que el ocultismo tiene consecuencias sociales drásticas.[110]

Todo lo anterior afirma el hecho de que la prática del ocultismo tiene severas consecuencias morales y culturales, mucho más serias de lo que muchos se imaginan. Por fortuna, varios simposios nacionales recientes sobre el ocultismo y la criminalidad indican que está surgiendo consciencia de algunas de estas consecuencias. Por ejemplo, desde el 30 de octubre hasta el 1 de noviembre de 1990, la conferencia norteamericana de San Demas, California, patrocinó una conferencia en Las Vegas, sobre «El crimen del ocultismo y su impacto en la sociedad». Hizo resaltar que «uno de los aspectos del crimen que aumenta con mayor rapidez es el que está vinculado con el ocultismo; tan macabros y repulsivos» que de hecho son increíbles, «pero son hechos comprobados por la policía».[111]

No obstante lo dicho, por la misma naturaleza secreta de tanta práctica ocultista, la mayoría de las ofensas criminales relacionadas con el ocultismo casi nunca se descubren. Sólo aquellos que han estado metidos profundamente en el ocultismo y que luego han sido liberados del mismo tienen alguna idea de lo horribles y antisociales que de hecho son estas prácticas.

Entonces, ¿Cuál es la conclusión de nuestro estudio? Nuestra conclusión es que nuestra nación necesita urgentemente que nuevamente se la instruya sobre las realidades del ocultismo.

Cuarta sección

Liberación del ocultismo

La información que aparece a continuación tiene el objetivo de servir como una guía breve y general, tanto para pastores como para cristianos interesados en ayudar a aquellos que padecen por su participación en el ocultismo. Por el hecho de que nuestra investigación proviene principalmente de la literatura, los autores han tenido poca experiencia personal en el asesoramiento de personas oprimidas por el ocultismo. Sin embargo, el doctor Kurt Koch ha tenido 40 años de experiencia asesorando a los oprimidos por el ocultismo. Recomendamos especialmente la lectura de su libro, titulado *Occult Bondage and Deliverance*. La mayoría de los datos que siguen son una adaptación de las páginas 85 a 131 del libro mencionado anteriormente. Para un estudio más amplio el lector debe consultar el texto completo, además de otros merteriales relacionados con el asunto.*

En primer lugar, es esencial un diagnóstico correcto. Por ejemplo, la enfermedad mental no debe confundirse con la esclavitud al ocultismo (pp. 133-190). Una persona debe padecer verdaderamente de opresión demoníaca como resultado de las actívidades del ocultismo; de lo contrario, un diagnóstico equivocado puede causar serios problemas. ¿Cómo

---

*Kurt Koch, *Christian Counseling and Occultism*, John Montgomery, ed., *Demon Possession,* C.Fred Dickanson, *Demon Possession and the Christian.*

determina uno si alguien padece de opresión por parte del ocultismo? Obviamente el consejero debe tener presente cuáles son las causas (las prácticas del ocultismo) y los síntomas (ver pp. 25-28) de este padecimiento y también participar en alguna clase de consejería en beneficio de la persona en cuestión. La información adecuada es esencial para hacer un diagnóstico acertado.

En segundo lugar, es necesario asumir que se está librando una verdadera batalla. Se le ha hecho frente a un enemigo sumamente real y peligroso. Pero también hay que tener presente que Cristo ha obtenido la victoria. Por el hecho de que existe un compromiso con una batalla real, El doctor Koch advierte que una persona no debe precipitarse para participar en la consejería relacionada con el ocultismo. En lugar de esto, deben acudir a Dios en busca de dirección en este aspecto. La madurez y el discernimiento espirituales son esenciales:

> «Sin haber sido comisionado por Dios, un cristiano no debe aventurarse demasiado dentro del ámbito demoníaco y del ocultismo. Existen determinadas reglas que deben obedecerse... Las personas que tienen un sistema nervioso sensible o que quizás padezcan ellos mismos de alguna opresión del ocultismo no deben ni siquiera hacer el intento de trabajar en este campo. Los recién convertidos y las mujeres jóvenes no deben involucrarse en esta clase de labor (pp. 87,88).»

En tercer lugar, debemos reconocer la soberanía de Dios. Cristo es la única fuente de liberación. Los procedimientos de rigor —la sicología, los ritos, la hipnosis, la meditación, etc.— son inservibles y pueden complicar el problema. Además, Dios no hace uso de *nuestros* procedimientos de consejería, en especial aquellos que son tan complicados. Sin embargo, la liberación sin ningún tipo de asesoramiento es poco frecuente. Además, la liberación completa puede tomar semanas, meses y a veces hasta años; o por la soberanía de Dios puede realizarse en pocas horas.

En cuarto lugar, todos los objetos que se utilizan en el ocultismo deben ser destruirdos (Hechos 19:19). «Los libros de magia y los objetos del ocultismo contienen en ellos mismos una prohibición oculta. Cualquiera que no esté listo para deshacerse de esta prohibición no podrá liberarse de la influencia de los poderes de las tinieblas»(p. 90). «Sin embargo, aun las figuritas hechas de piedras preciosas –que a menudo provienen de los templos paganos– deben ser destruidas si el dueño de las mismas se da cuenta de que no puede liberarse de la opresión del ocultismo»(p.92).

Además, se deben interrumpir todos los contactos y las amistades con el ocultismo, y no se deben aceptar ningún tipo de regalos de parte de los ocultistas. En el caso difícil de una persona salva que viva con padres que practiquen el ocultismo, puede ser necesario que el creyente se mude a otra parte. Si estas personas son atacadas por demonios o si su vida espiritual de deteriora mientras que oran por sus padres, el doctor Koch aconseja que «los hijos de familias espiritistas no deben orar nunca por sus padres mientras que éstos todavía sigan envueltos en el ocultismo» (p. 93). «Los consejeros sin experiencia, no obstante, no podrán valorar decisiones como estas, por el hecho de que tienen poco conocimiento referentes a los terribles actos que pueden cometer los poderes de las tinieblas» (p. 94). Quizás la oración se pueda reanudar una vez que sus vida cristiana se haya fortalecido lo suficiente o que cambie la situación. Todo parece indicar que, los poderes de las tinieblas pueden hacer el intento de arremeter nuevamente sin misericordia, por lo tanto se les debe prestar más atención a estos consejos de lo que pudiera esperarse. Sólo cuando los participantes estén completamete preparados es que se deben entregar a la batalla.

En quinto lugar, la liberación del poder de lo oculto requiere entrega completa a Cristo, tanto por parte del cosejero como del aconsejado. Nuestra primera responsabilidad la tenemos con Cristo y con nuestra relación con El. No podemos socorrer a otros en aspectos tan difíciles como este si nosotros mismos no estamos bien cimentados como cristianos. Cada persona que verdaderamente quiere ser liberada de las ataduras del ocultismo, debe estar preparada para entregarle totalmente su vida a Cristo. Además, «cuando una persona es liberada de la sujeción al ocultismo no debe negarle ninguna parte de su vida al Señor. Los aspectos que no se rinden al Señor serán ocupadas nuevamente por el enemigo» (p. 126). Si Cristo mismo es verdaderamente nuestro Señor, entonces El nos protejerá del señorío de los demás; pero si nuestro compromiso es a medias, quizá estemos invitando problemas innecesarios a nuestras vidas.

En sexto lugar, la persona oprimida por el ocultismo debe admitir y confesar como pecado su participación en actividades del ocultismo, por el hecho de que tales prácticas son pecaminosas a los ojos de Dios y es necesario que se confiesen (Deuteronomio 18:9-12; Juan 1:9). Además, la confesión debe ser voluntaria, porque si no es inservible. La confesión se realiza con el propósito de sacar la la luz lo que está oculto (escondido, en secreto). El doctor Koch aconseja que la confesión se haga en presencia de un consejero cristiano maduro. «Los que están oprimidos por el ocultismo deben, de hecho, hacer una confesión pública de cada cosa oculta en sus vidas, con el fin de eliminar hasta la última fortaleza del enemigo» (p. 98). Además, «la confesión de una persona sujeta al ocultismo no debe limitarse al ocultismo, sino que debe incluir cada aspecto de su vida» (p. 99). En otras palabras, no debe permitirse nada que le pueda conceder al diablo una nueva oportunidad para fortalecerse o desarrollarse (Efesios 4:27).

Más aún, es importante que se haga una oración de renuncia a todo lo relacionado con el ocultismo:

> «En el curso normal de las cosas lo que sigue a la confesión es la absolución: la promesa del perdón de pecados. En mi labor de consejería entre los oprimidos por el ocultismo, no obstante, he descubierto que he tenido que abandonar esta secuencia, por el hecho de que la persona oprimida por lo general no puede darse cuenta de que sus pecados han sido perdonados. No le es posible creer. Parece que hay un obstáculo en su camino. Yo, por lo tanto, estimulo a la víctima del ocultismo a que haga, primeramente, una oración de renunciamiento (p. 99).»

Y añade:

> «Aconsejar a los oprimidos por el ocultismo la oración de renunciamiento es, sin embargo, de enorme importancia. La pregunta es ¿por qué? Cada pecado relacionado con la brujería es fundamentalmente un contrato con los poderes de las tinieblas. Mediante la brujería el archienemigo de la humanidad obtiene el derecho de propiedad de la vida de la persona. Lo mismo ocurre aunque sean sólo los pecados de los padres o de los abuelos. El diablo está bien familiarizado con el segundo mandamiento, que termina diciendo: "Porque yo soy Jehová tu Dios, fuerte, celoso, que visito la maldad de los padres sobre los hijos hasta la tercera y cuarta generación de los que me aborrecen" (p. 100).»

Los poderes de las tinieblas pueden seguir reclamando sus «derechos» de propiedad, aunque a menudo los descendientes de los practicantes del ocultismo no tienen conocimiento de esto, por que tal vez ellos mismos nunca han tenido contacto con la brujería. No obstante lo dicho, inmediatamente después de la conversión de una persona que se encuentra en una situación como esta, Satanás hace sentir su reclamo.

> «Al hacer una oración de renunciamiento la persona cancela el derecho de Satanás de manera oficial y judicial. El consejero y cualquier otro cristiano que esté presente actúa como testigo de esta anulación de propiedad. A pesar de que numerosos teólogos modernos se burlan de este concepto, el diablo es perseverante. Se podrían enumerar cientos de ejemplos con el fin de demostrar cuán en serio él toma las cosas. Cuando la opresión que ejerce el ocultismo es mínima, la persona que ha hecho su confesión no tendrá mucha dificultad para repetir una oración de renunciamiento dirigida por el consejero. La oración debe tener el siguiente tenor: "En el nombre de Jesús yo renuncio a todas las obras del diablo, junto con las prácticas del ocultismo de mis antepasados, y me sujeto al Señor Jesucristo, mi Señor y Salvador, ahora y para siempre. En el nombre del Padre, del Hijo y del Espíritu Santo. Amén".
> »La oración no es una fórmula. Cada vez que se ora se puede hacer de distinta forma. En casos extremos de opresión, sin embargo, pueden surgir complicaciones cuando se trata de hacer una oración de renunciamiento (pp. 100-101).»

Por ejemplo, puede ser que la persona no pueda unir sus manos para orar, o que no pueda usar sus labios o sus cuerdas vocales. Puede ser que caiga en un trance cuando se trata de renunciar al diablo. «¿Qué podemos hacer en circunstancias como esta? Uno puede darle órdenes a los poderes del mal en el nombre de Jesús, o pedirle a otros hermanos en Cristo que participen con uno en la oración en favor de la persona oprimida» (p. 101). El renunciamiento puede resultar en un formidable cambio para bien. No obstante, «no todo el mundo tiene la misma experiencia de alegría después de la liberación, mas el cambio de dueño sigue siendo válido, a pesar de cómo se sienta uno... El renunciamiento tiene particular importancia cuando los nativos se convierten de un trasfondo pagano» (p. 102).

En séptimo lugar, es fundamental asegurarle a la persona que en Cristo sus pecados han sido perdonados y que en el presente posee una salvación eterna que nadie le puede quitar. No importa cuan horrendos hayan sido los pecados de una persona, en Cristo han sido perdonados. Se puden leer pasajes adecuados de las Escrituras, como Juan 5:24; 6:47; 19:30; Romanos 5:20; Gálatas 1:4; Efesios 1:7,13,14; Isaías 53:4-7; 1ª de Pedro 2:24; 1ª de Juan 1:7-9; etc..

Debe reconocerse también que la consejería debe realizarse en equipo. El apoyo de otros cristianos, de ancianos de la iglesia, etc. es importante. Como lo explica Koch:

> «...el asesoramiento de los oprimidos por el ocultismo es en verdad asunto de trabajar en equipo. El consejero individualmente es damasiado débil como para echar sobre sus hombros todos los problemas con que se tropieza» (p. 105). Por ejemplo, las personas que están sujetas al ocultismo a menudo padecen sus primeros ataques después que se proponen seguir a Cristo y servirle. En otras palabras, la batalla con frecuencia no comienza hasta que la persona recibe a Cristo. Además, «existe la posibilidad de

que si una persona se esfuerza demasiado en socorrer a los oprimidos por los demonios, puede ocurrir una transferencia» (p. 105).

En octavo lugar, la oración es otro aspecto crítico de la consejería. Los que son liberados del ocultismo todavía son vulnerables aun después de haber sido liberados. Por eso es vital que un grupo de cristianos se comprometan a orar continuamente por estas personas y a ocuparse de ellos después que se han convertido. A veces los cristianos no se dan cuenta de cuán importante es lo dicho anteriormente. Muchos ocultistas convertidos han batallado enormemente porque no han podido encontrar a nadie en la iglesia que los ayude.

«Si fuera necesario, el grupo puede consistir solo de dos personas. Deben reunirse por lo menos dos o tres veces a la semana, por espacio de quince minutos, con el fin de orar por la persona oprimida. Lo mejor es que la persona oprimida esté presente, pero esto no es absolutamente necesario. Ni es tampoco esencial que la persona oprimida haga una confesión pública delante de todos los miembros del grupo. Esto sólo es necesario que se haga al principio, en presencia del consejero (p. 106).»

Cuando una persona es liberada de la opresión del ocultismo también es crucial que la misma crezca como cristiano. Tal persona debe aferrarse de verdad a los cuatro elementos básicos del discipulado cristiano: el estudio de la palabra de Dios, el compañerismo cristiano, la perseverancia en la oración y la cena del Señor. Además, el nuevo cristiano debe estar cimentado en el estudio de las doctrinas básicas del cristianismo y de las evidencias cristianas.

A veces aquellos que asesoran a los oprimidos

por el ocultismo se darán cuenta de que los demonios han regresado a habitar en la vida de la persona. En este momento la batalla es aparentemente más difícil.

«Con frecuencia uno descubre que los poderes de las tinieblas regresan cuando una persona es liberada en un ambiente cristiano y luego se ve obligada a volver a vivir en un ambiente de ocultismo y brujería. Esto es lo que ocurre con frecuencia en el caso de jóvenes que provienen de familias espiritistas y que se han convertido fuera del hogar y que más tarde se ven obligados a volver a vivir en la casa de sus padres, la cual ha sido afectada por los demonios (p.119).

»Aquellos que han sido liberados de la opresión del ocultismo y que se ven obligados a vivir de nuevo en un ambiente de ocultismo o de espiritismo, jamás logran tener paz auténtica y duradera. Casi siempre tengo que aconsejarle a las personas que proceden de ambientes de esta ídole que "se mantengan alejados de sus padres —o de su tío, de su tía o de cualquier relación por el estilo— si ellos no están preparados para abandonar sus prácticas e intereses ocultistas". Este consejo, sin embargo, no es siempre aceptado. De hecho, a veces se me ha reprendido por aconsejar de esta manera a una persona. Finalmente, repitiendo lo que ya hemos dicho, cualquier persona que no obedezca todo lo que la Biblia provee para protegernos, vivirá en peligro continuo de ser víctima una vez más de las influencias de los espíritus que han sido echados fuera (p. 120).»

No importa cuán difícil o cuán agotadora sea la consejería de los que han sido oprimidos por el ocultismo, lo cierto es que la victoria se gana por lo que Cristo ha realizado (p. 124). Los consejeros necesitan creer en las promesas de Dios y actuar con fe de acuerdo a ello, aun en relación con los casos que parezcan no tener remedio. Ninguna situación es irremediable, puesto que para Dios todo es posible. Además, el hecho mismo de que se siga librando una batalla no es prueba de que la batalla se perderá. Muchas veces, en la historia bíblica y a lo largo de la historia del cristianismo, se han librado batallas espirituales que han exigido gran resistencia, perseverancia, paciencia y fe. En lo que a la consejería de los oprimidos por el ocultismo se refiere, y sobre el asunto de demonología bíblica, hay muchas cosas que se desconocen, por lo tanto, es más importante todavía que dependamos de Cristo. Finalmente:

> «Es también muy importante recordar, cuando se aconseja y se atiende a los oprimidos por el ocultismo, que esta clase de asesoramiento va a tener éxito cuando se realiza en la atmósfera espiritual adecuada. Uno jamás debe ver a una persona y a sus necesidades como un "caso" más, o como una nueva "sensación", o como un "objeto de investigación". La auténtica liberación jamás ocurrirá en un ambiente antiescritural: aunque la batalla para rescatar a la persona oprimida aparente ser en extremo dramática. Debemos estar en guardia contra toda clase de exceso y sobre todo contra el exibicionismo. Seamos, por lo tanto, sanos en la fe, sobrios en nuestro pensar y honestos y bíblicos en nuestra actitud (p. 128).»

Lecturas recomendadas

- Gary North, *Unholy Spirits: Occultism and New Age Humanism* (Dominion, 1986).
- Merrill Unger, *Biblical Demonology*, (Scripture Press, 1971).
- Kurt Koch, *Occult Bondage and Deliverance* (Kregel, 1970).
- Kurt Koch, *Ocultismo y cura de almas*. Editorial CLIE.
- John Warwick Montgomery, ed., *Demon Possession* (Bethany, 1976).
- John Ankerberg, John Weldon, *Astrology: Do the Heavens Rule Our Destiny?* (Harvest House, 1989).
- John Ankerberg, John Weldon, *The Facts on spirits guides* (Harvest House, 1988).
- Doreen Irvine, *Freed From Witchcraft* (Nelson, 1973).
- Russ Parker, *Battling the Occult* (InterVarsity, 1990), capítulos 7-11.

Notas

Nota para la edición en español:

Esta bibliografía se incluye para el uso de aquellos que están familiarizados con el idioma inglés, lengua en que fue originalmente escrita la obra, así como también para dar crédito a las fuentes de las cuales se valió el autor para información o apoyo. Se ha dejado sin traducir debido a que las inmensa mayoría de las obras citadas existen sólo en el idioma original.

1.- Nandor Fedor, *Encyclopedia of Psychic Science* (Secaucus, NJ.: Citadel, 1974), p.235.
2.- Ver e.g., Joseph Millard, Edgard Cayce: Mystery Man of Miracles (Greenwich, CT: Fawcett, 1967), quien correctamente describe a Cayce como un «titere controlado por fuerzas que estan más allá de la comprensión humana» (p. 73; cf., Gary North, Unholy Spirits: Occultism and New Age Humanism (Fort Worth, TX.: Dominion Press, 1986), pp. 198-200.
3.- Raphael Gasson, The Challenging Counterfeit (Plainfield, NJ.: Logos, 1966), pp. 35-36.
4.- Doreen Irvine, Free From Witchcraft (Nashville, TN.: Thopmas Nelson, 1973), p. 130.
5.- Ibid., pp. 103-107, 110-112, 130-131.
6.- Ibid., p. 168.
7.- Mircea Eliade, Occultism, Witchcraft and Cultural Fashions (Chicago, IL.: The University Chicago Press, 1976), p. 69.
8.- Colin Wilson, The Occult: A History (New York: Vintage Books/Random House, 1973),p. 456.
9.- C.A.Burland, Beyond Science (New York: Grossett and Dunlap, 1972), p. 9.
10.- Merrill Unger, Demon in the World Today (Wheaton, IL.: Tyndale House, 1972), p. 18.
11.- Arthur Lyons, The Second Coming: Satanism in America (New York: Dodd, Mead, 1970), pp. 3, 5; cf. con su libro Satan Wants You: The Cult of Devil Worship in America (New York: Mysterious Press, 1988), y con Ted Schwarz, Duane Empey, Satanism: is your Family Safe? (Gran Rapids, MI: Zondervan, 1988).
12.- Maury Terry, The Ultimate Evil: An Investigation into America's Most Dangerous Satanic Cult (Garden City, NY.: Dolphin/Doubleday, 1987), p. 511.
13.- Numerosas encuestas han sido dirigidas durante las dos últimas décadas, contactamos las de Gallup, Roper y The University of Chicago's National Opinion Research Council Organization, respectivamente.

14.- Esta es una encuesta nacional conducida por la University of Chicago's National Opinion Research Council; ver el reporte en Greeley: «Mysticism Goes Mainstream,» American Health, enero-febrero 1987.
15.- Katherine Lowry, «Channelers: Mouth Pieces of the Spirits,» Omni, octubre 1987, p. 22.
16.- John Klimo, Channeling: Investigatons on receiving Information from Paranormal Sources (Los Angeles, CA.: Jeremy P. Tarcher, 1987), p. 1.
17.- Citado en Christianity Today, noviembre 17, 1989, p. 50.
18.- John Keel, UFO's: Operation Trojan Horse (New York: G.P. Putnam's Sons, 1970), pp. 215, 299.
19.- Whitley Strieber, Communion: A True Story (New York: Beech Tree books/ William Morrow, 1987), pp., 14-15.
20.- Diccionario Larrouse de la Lengua Española.
21.- Ibid.
22.- «Oculto», en la Encyclopedia Britannica,, Micropaedia, vol. 7, p. 469.
23.- Ron Enroth, «The Occult» en Walter A. Ellwell, ed., Evangelical dictionary of Theology (Grand Rapids, MI.: Baker, 1984), p. 787.
24.- Michael Harner, the Way of the Shaman (New York: Bantam, 1986), p. 54.
25.- Mircea Eliade, Shamanisam: Archaic Techniques of Ecstasy (Princeton, NJ.: Bolingen/Princeton University Press, 1974).
26.- Idries Shah, Oriental Magic (New York: E.P. Dutton, 1973), p. 123.
27.- Louis Jacolliot, Occult Science in India and Among the Ancients (Nwe Hyde Park, NY.: University Books, 1971), p. 201.
28.- Ibid., p. 204.
29.- Jess Stearn, Adventures into the Psychic (New York, signet, 1982), p.163
30.- Irvine, Free from Witchcraft, p. 96.
31.- Ibid., p. 123.
32.- Ibid., p. 7.
33.- Charles Panati, supersenses (Garden City, NY.: Anchor/ Doubleday, 1976). p. 102.
34.- George W. Meek, «The Healers in Brazil, England, USA., and U.S.S.R.,» en George W. Meek, *Healers and the Healing Process: A Report on the Years of Research by Fourteen World Famous Investigators* (Wheaton, IL.: Theosophical-/Quest, 1977), p. 32.
35.- Jeanne Pontius rindge «Perspective— A Overview of Paranormal Healing,» en Meek, ed., Healing and the Healing Process, p. 17.
36.- Hans Naegeli-Osjord, «Psychiatric and Psychologist Considerations,» en Meek, ed., Healers and the Healing Process, p. 80.
37.- Danny Korem, «Waging War Against Deception,» Christianity today, abril 18, 1986, p. 32.

38.- Robert A. Morey, Reincarnation And Christianity (Minneapolis MN.: Bethany, 1980), p. 25.
39.- Staprem, traducción del francés por Themi, Sri Aurbindo, or The Adventure of Consciousness (New York: Harper and row, 1968), p. 199.
40.- Guy L Playfair, The Unknown Power (New York Pocket Books, 1975), p. 240.
41.- Kurt Koch, Christian counselling And Occultism: The Counselling of the Psychially Disturbed and Those Oppressed Trough Involvement in Occultism (Grand Rapids, MI.: Kregel, 1978), p. 162.
42.- Robert A. Monroe, Journeys Out of the Body (Garden city, NY.: Anchor Doubleday, 1973), pp. 138-139.
43.- Samuel M. Warren, A Compendium of the Theological Writings of Emmanuel Swedenborg (New York: Swedenborg Foundation, 1977), p. 618.
44.- Victor Ernest, I Talked with Spirits (Wheaton, IL.: Tyndale 1971); Raphael Gasson, The Challenging Counterfeit (Plainfield, NJ.: Logos, 1970).
45.- Correspondencia personal de Brooks Alexander, enero 25, 1985.
46.- e.g., Malachi Martin, Hostage to the Devil: The Possession and Exorcism of Five Living Americans (New York: Bantam, 1977), pp. 521-530.
47.- John Ankenberg y John Weldon, The Facts on Spirits Guides (Eugene, OR.: Harvest House, 1988), pp. 38-41.
48.- Henry Griss, William Dick, The New Soviet Psychic Discoveries: A Firsthand Report on the Latest Breakthroughs in russian Parapsychology (englewood Cliffs, NJ.: Prentice Hall, 1978), pp. 28-31.
49.- Aleister Crowley, Magic in Theory and Practice (New York: Castel, n.d.), pp. 127, 152-153.
50.- Kurt Koch, Satan's Devices, p. 238.
51.- Kurt Koch, Between Christ and Satan (Grand Rapids, MI.: Kregel, 1976), p. 102.
52.- Para Arigo: John G.Fuller, Arigo: Surgeon of the rusty Knife (New York: Pocket Books, 1975), p. 237; para Gurdjieff: J.G..Bennett, Gurdjieff: Making a New World (New York: Harper & Row, 1973), p. 160; para Gurney: D. Scott Rogo, Parapsychology: A Century of Inquiry, p.66; para Branham, Footprints on the Sands of Time: The Autobiography of william Marion Branham (Jeffersonville, IN: Spoken Word, 1976), p. 705; para Rudrananda: Da Free John (su discipulo), The Enlightenment of the Whole Body (Middletown, CA.: Dawn Horse Press, 1978, p. 14.
53.- Para los padres de Garret: Norma Bowles, Fran Hynds, Psi-Search (New York: Harper & Row, 1978), p. 89; para Krishnamurti y Nityananda: Mary Lutyens, Krishnamurti: The Years of Awakening (New York: Avon, 1976), p. 347.
54.- Para Wedgewood: Lutyens, Krishnamurti: The Years of Awakening p. 308; John Weldom, The Hazards of Psychic Involvement, ms. 1988.

55.- Kurt Koch, Satan's Devices, p. 188.
56.- Kurt Koch, Christian Counselling and Occultism, p. 184.
57.- Ibid., p. 187-188.
58.- Merril Unger, Demons in the world today, p. 95.
59.- Ibid., p. 50.
60.- John Warwick Montgomery, Principalities and Powers: The World of the Occult (Minneapolis, MN.: Bethany, 1973), p. 149.
61.- e.g., Bhagwan Shree Rajneesh, «Suicide or Sannyas,» Sannyas, julio-agosto 1980, nº 4, p. 33.
62.- Kelsey, The Christian and the Supernatural, p. 41.
63.- Sri Chimnoy, Astrology, The supernatural and the Beyond (Jamaica, NY.: Agni Press, 1973). pp.94-95.
64.- Carl Wickland, Thirty Years Among the Dead (Van Nuys, CA.: New Castle Publishing, 1974), p. 29.
65.- Ibid., p. 8.
66.- Ibid., p. 132.
67.- Ibid., p. 17.
-68.- Ibid., p. 116.
69.- Kurt Koch, Occult Bondage and Deliverance (Grand Rapids, MI.: Kregel, 1970), p. 31.
70.- Kurt Koch, Demonology Past and Present (Grand Rapids, MI.: Kregel, 1973), pp. 41-42.
71.- Anita Muhl, Automatic Writing: An Aproach to the Unconscious (New York: Helix Press, 1963), p. 51.
72.- Como reportaje en John Dart, «Peril in the Occult Demonic Encounters Cited,» Los Angeles Times, diciembre 30, 1977.
73.- C.Fred dickanson, Demon Possession and the Christian: A New Perspective (Chicago, IL.: Moody Press, 1987), p. 37.
74.- Irvine, Free From Witchcraft, p. 138.
75.- Ankenberg, Weldom, The Facts on Spirit Guides, passim.
76.- M. Scott Peck, People of the Lie: The Hope for Healing Human Evil (New York: simon & Schuster, 1983), p. 190.
77.- Montgomery, Principalities and Powers, p. 146.
78.- Erika bouguignon, Religion, Altered States of Consciousness and Social Change (Columbus, OH.: Ohio State University Press, 1973), pp. 16-17, tabla 2.
79.- Martin Ebon, The Devil's Bride: Exorcism Past and Present (New York: Harper and Row, 1974), p. 11.
80.- Ibid., p. 12.
81.- John S. Mbiti, African Religions and Philosophy (New York: Anchor/Doubleday, 1970), p. 106.
82.- e.g., Martin, Hostage to the Devil, passim; John Montgomery, ed. Demon Possession (Minneapolis, MN.: Bethany, 1976), y otros.
83.- Conway, Magic: An Occult Priimer, pp. 130-132.
84.- Unger, Demons in the World Today, p.28; cf. p.72.
85.- Ibid., p. 99, citando a Brad Steiger, Sex and Satanism (New York: Ace, 1969).
86.- Irvine, Free from Witchcraft, pp. 90-91, 96.
87.- e.g. Conway, Magic: An Occult Primer, pp. 127-133.

88.- Bhagwan Shree Rajneesh, The book of the secrets: Discourses on «Vigyana Bhairava Tantra,» vol. 1 (New York: Harper Colphon, 1977), pp. 22, 36-37.
89.- Ibid., p. 399; cf., Rajneesh, The Mustard Seed (New York: Harper and Row, 1975), p. 69.
90.- F.Max Muller, traducción, The Upanisads, parte 1 (New York: Dover, 1962); citando Kaushitaki Upanishad 3:1,2.
91.- A.C. Bhaktivedanta Swami Prabhupada, Bhagavad-gita As It Is: Complete Edition. (New York: Collier, 1973).
92.- Maharishi Mahesh Yogi, On the Bhagavad-Gita: A New Translation and Commentary (Baltimore, MD.: Penguin, 1974), p. 76.
93.- Charles Manson, carta al editor, Radix, noviembre-diciembre, 1976, p. 2.
94.- Vincent Bugliosi, Helter Skelter (New York: Bantam, 1975), p. 624; «Charles Manson: Portrait in Terror,» febrero 16, 1976, canal 7, KABC-TV, Los Angeles, 11:30 p.m; descripción por Bugliosi.
95.- Mircea Eliade, Yoga, Immortality and Freedom (Princeton, NJ: Princeton University Press/Bollingen, 1973), p. 263.
96.- Ibid., p. 205, cf., pp. 205-207.
97.- Eliade, Occultism, Witchcraft, and Cultural Fashions, p. 71.
98.- Por ejemplo, La bruja Sarah Aldrete y el ocultista homosexual Constanzo fueron acusados por las autoridades policiales de estar involucrados en por lo menos 15 sacrificios humanos y posibles involucramientos en otras muertes cerca de Texas en la frontera con México.
99.- Citado por Margaret Gaddis, «Teacher of desilusion», en Ebon, ed., The Satan Trap: Dangers of the Occult, p. 57.
100.- Para Ramirez, Los Angeles Times, octubre 24, 1985; para Berkowitz, Maury Terry, The Ultimate Evil; cf., The Forteam Times, verano 1980, p. 34.
101.- Dr. Sondra O'Neale, King city: Fathers of Anquish, Children of Blood: The True Story Behind the Atlanta Murders.
102.- Citado en Christianity today, diciembre 15, 1978, p. 38.
103.- Kurt Koch, Between Christ and Satan, p. 81; Joan Halifax-Grof, «Hex Death,» Parapsychology Review, octubre 1974; n.a., Demon Experiences in Many Lands: A Compilation (Chicago, IL.: Moody Press, 1978), p. 22.
104.- «The Devil worshippers» transcripto de «20/20», mayo 16, 1985.
105.- Rose Hall Warnke, The Great Pretender (Lancaster, PA: Starburst Publishers, 1985), pp. 14, 17-18, 121, 123.
106.- Terry, The Ultimate Evil, p. 512.
107.- Niegel Davies, Human Sacrifice in History and Today (New York: William Morrow, 1981), y otros.
108.- Richard Cavendish, The Black Arts (New York: G.P. Putnam & Sons, 1967), pp. 247, 249.
109.- Ma Satya Bharti, Death Comes Dancing (London: Rutledge, Kegan Paul, 1981), p. 52.
110.- Carl A. Raschke, «Satanism and the Devolution of the New

Religions» SCP Journal, otoño 1985; Patricia Weaver, «Ritual Abuse, Pornography, and the Occult» SCP Newsletter, vol. 14, n° 4; Gary North, «Magic, Envy, and Foreign Aids» en Unholy Spirits, pp. 273-288.
111.- Brochure, North American Conferences, San Demas, CA, cf., Cultural Hermeneutics Project, «Summit on Satanism», Glorieta Baptist Conference Center, Glorieta, NM, octubre 31 a noviembre 4, 1990; Minnesota Police Chief, septiembre 1989, pp. 33-45, provee ilustración acerca de como el departamento de policía reconoce la relación entre ciertas prácticas ocultistas y la actividad criminal.

OTROS TITULOS EN LA SERIE
LOS HECHOS ACERCA DE:

498425 La astrología
John Ankerberg y John Weldon

498426 Los Testigos de Jehová
John Ankerberg y John Weldon

498427 La enseñanza falsa en la Iglesia
John Ankerberg y John Weldon

498428 Los espíritus guías
John Ankerberg y John Weldon

498429 Movimiento de la Nueva Era
John Ankerberg y John Weldon

498430 La Logía Masónica
John Ankerberg y John Weldon

Productos de la Línea de Oro de *Editorial Unilit*
Pídalos en su librería cristiana favorita.